日本人が知らない

神社の秘密

火田博文

彩図社

はじめに

「寺社ブーム」であるといわれる。

旅行がてら、神社やお寺を巡り、参拝を楽しむ。あるいは優雅な社殿にカメラを向け、御朱印を集め、ブログやSNSで発信をする。そんな人々が急増している。

神社詣では「お伊勢参り」の昔からある日本人のレジャーのひとつだが、近年は若い女性を中心に大きな盛り上がりを見せていることが特徴だろうか。一説によれば、それは東日本大震災がひとつのきっかけだという。

あの3月11日は「人生、いつなにが起こるかわからない」ということを、誰もが実感した日だった。儚い世の中で、最後に頼りにできるものは人と人との絆であり、古くから紡がれてきた日本の文化や伝統だと、人々はどこか本能的に感じ取ったのではないか。その思いは、西洋化一辺倒だったこの数十年を見直す流れとなり、神前結婚式の増加なども含めた、寺社ブームを後押ししているのではないか。日本の歴史を見直そうというムーブメントになっているのではないか……。

そんな文脈で語られることが多い。

では、そのブームの中、果たして我々は、神社のことをどこまで知っているだろう。たとえば参拝ひとつとっても、鳥居をくぐる際に一礼する人こそ増えたが、参道の真ん中を歩くことがタブーだということはあまり周知されていない。拝殿の前ではどうして鈴を鳴らすのか。お賽銭とは何の意味があるのか。お守りはひとつひとつ、神職によってお清めされていることを知っているだろうか。

無理からぬことなのだ。神社とは、実は謎だらけの存在なのである。そのルーツもよくわかっていない。鳥居とはいったいなんなのか。どうして狛犬がいるのか。これだけ日本人に身近なのに、神社について我々はあまりにも知らないことが多すぎる。日本人として、これではいけない……そんな思いから、この企画ははじまった。

本書では神社の起源や、敷地内にあるさまざまなモノ、そこで働く人々など、知っているようでまったく知らなかった話を集めてみた。参拝のときには、本書のエピソードを思い出しつつ、神社のあちこちをチェックしてもらえたら嬉しい。参拝がグッと楽しく、興味深くなることと思う。

第二章 神社で行なわれる祭り・儀式の秘密

第三章 神社に携わる人々と組織の秘密

第四章 神社の起源にまつわる秘密

第五章 伝説が残る神社の秘密

第一章　神社にまつわるしきたりの秘密

01

お参りの前に水で心身を清めなくてはならないのはなぜ？

神社にお参りすることは、それはそれは厳かな行いなのである。その昔は、レジャー感覚で軽く出かけていい場所ではなかった。鳥居をくぐるという行為は、極めてシリアスな、非日常へのダイブでもあったのだ。

なにせ神と相対するのである。だからまずは**禊**《みそぎ》をして、心身を清める必要があった。神社のそばにある海や河で身体を洗い、あるいは滝に打たれて、穢《けが》れを祓《はら》うのだ。その歴史は古く、日本神話にまでさかのぼることができる。黄泉国より現世に戻った伊耶那《いざな》岐命《ぎのみこと》が、死の穢れを祓うために河の水で心身を清めたというものだ。また、肉や酒を絶つ精進潔斎《しょうじんけっさい》をする場合もあった。そして参拝に挑むのだ。

しかし、社会が成熟しせわしなくなってくると、そこまできっちりと禊をするわけにもいかなくなった。だんだん簡略化されていったのだ。いまでは手水舎《ちょうずや》がその役目を果たしている。拝殿に向かう手前にある、屋根のかけられた水場がそれだ。**ここをスルー**

左側を流れるのが五十鈴川。
伊勢神宮参詣の際は、ここで心身を清めて参拝に向かう

して、穢れたままで参拝することはタブーだ。

祟りがあっても文句は言えない。

ハードな禊を行なわない代わりに、ちょっとうるさい決まりがある。まず柄杓を右手に持って水をすくい、左手を清める。次に柄杓を左手に持ち替え、右手を清める。また右手に持ち替えて左手で水を受け、口をすすぐ。一連の動作は、はじめにすくった柄杓一杯の水のみで行なうべし、とされる。これでようやくお清め完了だ。

こうして略式になった禊だが、いまでも古式に則っている神社が伊勢神宮だ。日本を代表するこの神社の内宮への入口には、五十鈴《いすず》川が流れているが、ここで手や口を洗ってから参拝するのが慣わしだ。2000年以上も続くスタイルといわれる。

02 参道の真ん中を歩くと祟りがある！

人はまず、俗界と神域とを区切る聖なるゲートである鳥居に対して「揖《ゆう》」をすることで参拝をはじめる。頭を下げ、お辞儀をして、神のエリアに侵入することへの許しをいただくのだ。

そして鳥居をくぐり、異界へと進んでいく。このとき参道を歩いていくのだが、その中央部を歩くことはタブーである。**参道の真ん中は「正中《せいちゅう》」と呼ばれ、神が通るための空間**。そんな神聖な場所を人間が侵すと、神に対する冒涜であるばかりか祟られかねない。ご利益をいただくために神社に参拝に来ているのに、逆効果になってしまう恐れがあるのだ。正中を避けて歩こう。

これほどに厳粛な場である神社ではかつて、どれだけ身分の高い人物であっても、馬で参道を歩く行為は禁じられていた。エラい武士だろうと参拝の際には馬から下りて鳥居をくぐり、自らの足で参道を歩くべし、とされたのだ。いまでもその名残りで、入口

京都・伏見稲荷大社の参道。
参道中央に指定方向外進入禁止の標識がある徹底ぶりだ（©KENPEI）

に「下馬」「下乗」と書かれた看板を掲げている神社は多い。また馬と同様に、駕籠《かご》や輿《こし》に乗ったまま参拝することもＮＧだ。

こうして人々は平等に、聖なる道を歩いて拝殿に向かっていく。**この過程で穢れた心身が清められ、神と相対するにふさわしい状態になっていくのだという**。そしてお参りに至るわけだが、それまでの間、本殿に背を向けてはならない。やはり礼を失した行いなのである。参拝を終えて帰路につくまで、まっすぐ歩いていくのだ。

現代社会では忘れられがちだが、神社への参拝は本来、緊張や畏《おそ》れを伴うものなのである。

03

鈴を鳴らすと神様が喜ぶ？

狛犬が守る鳥居をくぐって神域へと入り込み、慎重に参道の端を歩いて奥深くへと進んでいく。手水舎の聖水で身を清め、いよいよ拝殿との対面となる。参拝だ。あれこれ面倒なしきたりが現代社会にまで残っているのは、神社というものがそれだけ日本人にとって大切な存在だからだ。

いくつもの関門をくぐり抜けて拝殿の前に立ち、最後の手続きは大きな鈴を鳴らすこと。**清涼さを感じさせる鈴の響きには、悪を祓い、魔を滅する力があるといわれているのだ。**

江戸時代に刊行された国語辞典『倭訓栞《わくんのしおり》』には、「音のすゞしきより名来るべし」と、その命名の由来が記されている。続けて、魔除けの霊力に満ちた音であり、神はこの響きをことさらに好むと解説されている。鈴の音は、神を心穏やかにするパワーを持っているのだ。鈴の音色によって神を呼び、同時に災厄を祓う。だから参拝の前には、なる

埼玉・三芳野神社の拝殿に据えられた鈴（© Инарискии）

べく高らかに鈴を鳴り響かせるべし。そのほうが霊験あらたかなのである。巫女が神楽（↓P80）を舞うときにも鈴が振り鳴らされるが、これも清めのためだ。

古代から現在に至るまで、鈴はアクセサリーなどに愛用されてきたが、これは単にデザインがかわいいからだけではない。霊力を秘めたアイテムだからだ。紐や縄がくくりつけられていることも多いが、これは鈴緒《すずのお》という。玉の緒、へその緒と同じ意味で、見えないもの同士をつなぐ役目がある。鈴を介して、人と神とを結んでくれるのだ。

04

注連縄はナワバリの証？

鳥居や社殿には、太い縄が巻きつけられているところも多い。これは注連縄《しめなわ》といわれる。その語源は「占める」だという説がある。**「神の占める場所」を意味するのだ**。すなわち注連縄の張られた場所は、神のナワバリなのである。

はるか太古の日本人は、ご神体と考えた巨石や大木に、縄をまいただけのものを崇《あが》めていた（↓P148）といわれる。これが神社のルーツとなった。日本人の祈りの歴史がはじまった頃から、注連縄は存在しているのである。

有名な天《あま》の岩屋《いわや》伝説にも注連縄は登場する。自分の役割を放棄し、いわばニートの引きこもりになってしまった天照大御神《あまてらすおおみかみ》をどうにか更正させようと、神々はあの手この手の策を講じて、とうとう引きずり出すことに成功する。このとき、再び引きこもれないようにと、布刀玉命《ふとだまのみこと》は注連縄を使って天照大御神を締め出している。なんだか現代にも通ずる切実な家族像のようではあるが、**あの世とこの世、日常と非日常、世界を分か**

福岡・宮地嶽神社の注連縄。日本一大きいとされる（©Bakkai）

つものこそ注連縄なのである。

この注連縄のかわりに、藁でつくったヘビを使う神社もある。目や口もつくられている。水辺に生息するヘビは、田畑を荒らすネズミを捕らえてくれる、水利と豊穣の神だ。そんなヘビを模した注連縄を鳥居にかけて、村の安息を祈ったのだ。

東京都の稲城市では、カヤで100メートルを超える長さのヘビをつくる「蛇より行事」が毎年8月に行なわれ、無形民俗文化財に指定されている。江戸時代から続く、五穀豊穣を願う風習だ。

05

お賽銭はもともと稲だった？

拝殿と相対し、祈りを捧げる際には、お賽銭を投げ入れる習慣がある。神に対する感謝の表れであり、願いを聞き届けてもらうためのおまじないでもあり、また願いが叶ったときにはそのお礼と、さまざまな意味が込められている。

現代では「お賽銭」の名で呼ばれている通り、お金を供え物としているが、神社の歴史は一説では貨幣制度よりも古い。お金というものがまだ存在しなかった時代、あるいは一般庶民には流通していなかった時代、**神社に捧げたのは穀物だった**。

粟《あわ》や稗《ひえ》、麦といった、人の身体の基礎をつくる主食。その中でも、日本人の暮らしの根っこにある稲を、人々は神社に持ち寄ったのだ。

実りの秋、田から刈りとられた稲は、生命と豊かさの象徴だ。神社では、その年初めて収穫された稲穂を神に捧げる祭りが行なわれてきた。いまでも秋に祭りが多いのはそのためだ。

神職が実った稲穂を収穫する「抜穂祭」。抜き取った稲穂は神前に供えられる
（画像引用：『瑞垣』1997 年）

現代でも、通常の参拝ではなく、特別にお祓いや祈願をしてもらったときには「初穂料」という名目で神職に金銭を渡すしきたりだ。その相場は、合格や安産の祈願、子供のお宮参りや七五三などで5000円〜。コンビニに行けば初穂料と書かれ水引きで飾られたのし袋が売られている。弥生時代を産みだし、日本の文明の飛躍的な発展のもとになった稲作に感謝する思いは、現代のコンビニにまで受け継がれているのである。

さて、稲からはじまった供え物だが、日本人の暮らしぶりが向上してくると、さまざまな「初モノ」を奉納するようになってくる。野菜、魚、鳥獣

「六道珍皇寺参詣曼荼羅」（17世紀）に描かれる賽銭箱。縁側の外側に台が設置され、そこに賽銭箱が置かれている。縁側に立つ人は長い柄杓のようなものを持ち、賽銭を集めているようだ（画像引用：『熊野観心十界曼荼羅』小栗栖健治著）

……季節ごとの収穫物が集められた。「初モノはめでてぇ」と喜び、四季おりおりの風物を楽しむ日本人の心意気も、こうしてつくられていった。

やがて貨幣を介した経済活動が活発になると、お供えは食べ物ではなくお金へと変わっていく。**収穫祭など特別なときだけではなく、ふだんの生活の中でも神社に出向き、神に頼って穢れを落として厄を祓う意味で、お金を捧げるようになる。**お賽銭の誕生だ。ちなみに賽銭箱が普及したのは室町時代のことらしい。

お賽銭はもちろん、いくらだって構わない。ほんの気持ちの小銭で十分なのだが、現代日本人は5円玉を重視する。「ご縁」とかけているのだ。ダジャレのようだが、言葉に力が宿り具現化する「言霊」を日本人は大切にする。4枚の5円玉を投げ入れて「よいご縁があるように」、8枚やその倍数なら「末広がりのご縁に恵まれるように」。反対に7枚だと35円で、「さんざんなご縁」だからNG。日本人はこだわりが多いのである。

こうして集まるお賽銭は莫大な額に上る。初詣の三が日だけで10億円以上が投げ込まれる神社もあるとかで、なんだか神さまの経営戦略にノセられているような気がしないでもない。でも参拝とは、その本人がすっきりと晴れやかな気分になれればそれでいいわけで、お賽銭はそのための潤滑油のようなもの。まさに「いくらだっていい」のだろう。

06

お守りの中身ってなに？

参拝のあとのお楽しみは、おみくじをひいたりお守りを買ったりすることだろう。社務所を覗けば、色とりどりのお守りがずらりと並ぶ。商売繁盛、良縁、安産、交通安全、果てはスポーツや入試の勝運アップ、美容、ＩＴ情報安全祈願、玉の輿、酒難、ペット用……。商魂たくましい現代の神社には、アイデアと企画力も求められているのである。

このお守り、単なるみやげものではない。実は各神社の神主さんが、神前でお祓いをした後、ちゃあんと祈りを込めてくださっているのだ。バラマキみやげのように山と積まれていたとしても、ありがたいものなのである。

お守りのルーツは、判明しているだけでも平安の世にまでさかのぼる。**当時は経文や祈りの言葉などを書き込んだ紙片だった**。これを折りたたんだものをお守りとしていた。また木に呪文を書き込んだり彫った札も好まれた。

どちらも中国の「護符」からの発想だ。**仏教や、陰陽道の概念とともに、日本に渡っ**

てきたのだ。そのため当初、これらのお守りは寺院で配られていた。人々がこぞってその開運アイテムを求めて寺に出向く様子を見た神社界はアセった。我らもアレを取り入れてファン拡大をせねばならん……と後追いでお守りの扱いをはじめたのである。

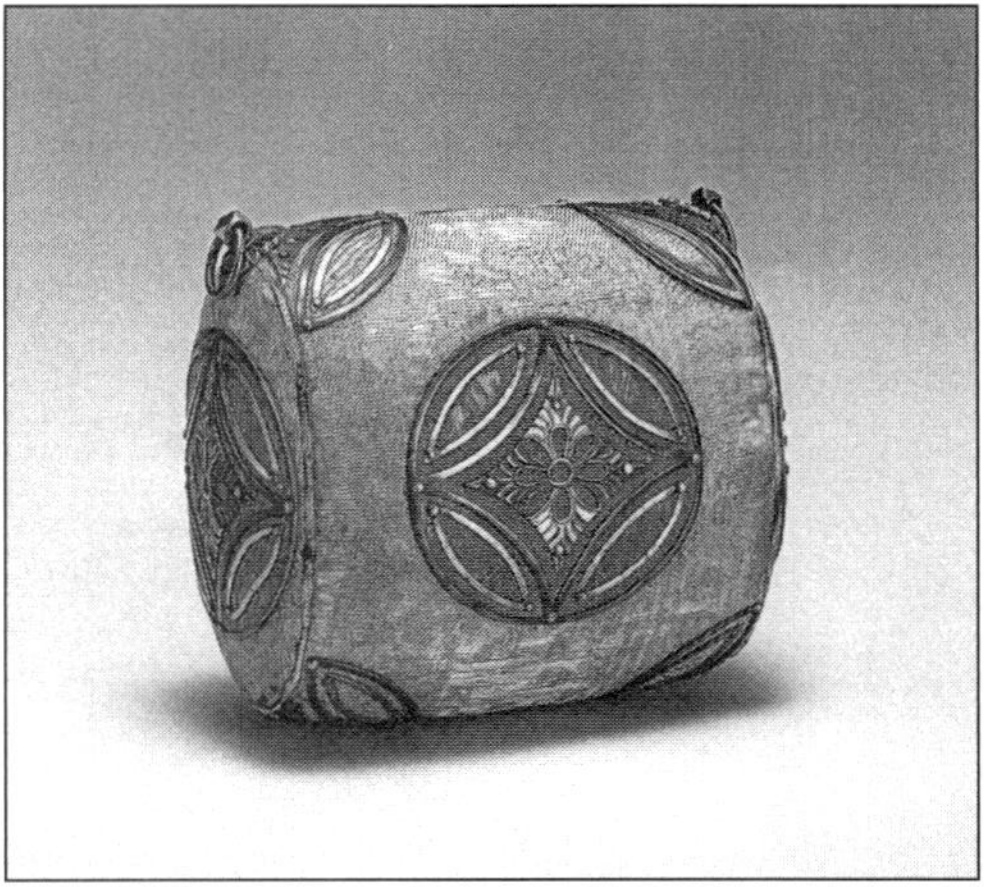

現存する懸守のひとつ。紐をつけ、胸元にかけるようにして用いられた（画像引用：『四天王寺の宝物と聖徳太子信仰』）

だから現存している日本最古のお守りは、お寺に残されている。大阪市にある四天王寺には「**懸守**《かけまもり》」という平安時代のお守り7種が保管され、国の重要文化財になっている。当時の貴族が身につけていたものだ。

紙や木でつくられた（あるいは水晶だったり、勾玉という神社もある）お守りを、カラフルな布で包んで販売するようになったのは意外に最近で、戦後のことだという。いかにも和テイストたっぷりで、いまでは外国人観光客にも人気だ。

そのラブリーな見た目から勘違いしている人も多いのだが、お守りの本体はあくまで中身の紙ないし札。内符と呼ばれるこの本体に、神の息吹が込められているのだ。だからこれを包む袋は、みだりに開けてはならない。せっかくの神の御力が逃げてしまうというものだ。

いまのように外袋が普及する以前、人々は自分で手作業をして、お守り入れをこしらえていた。袋の中には、さまざまな神社や寺でゲットしたお守りを入れて、ポーチのように持ち歩いていたそうだ。ここから想を得た商売上手が、外袋を考案して現代に至っているのだが、デザインが民芸品チックであるのは、こんなところに理由があるのだろう。

ところで、いくつも違う神社、違う神さまのお守りを一緒に持っているのはどうなのか、という意見もある。神同士がバッティングするのではないか、と危惧する声、神に対してフタ股ミ股とはけしからん、と憤る人もいるのだが、ありがたいことにそんな些細なことを神は気にしないのである。

「神さまは、それぞれの御神徳をもって、協力して私たちを守ってくださるのです」

とは、神社本庁のありがたい公式見解。八百万の神々はおおらかなのである。

さて、このお守り、食料品や薬のように、なんと賞味期限がある。**1年、もしくは次**

の新年までと決まっているのである。あるいは参拝したときの願いがかなっても、そこで効力はなくなる。期限切れとなったお守りからは、まるで電池が切れたかのように神の力は失われてしまう。

古くなったお守りは、入手した神社に奉納するしきたりだ。神社では毎年1月15日に「お焚き上げ」といって、期限の切れたお守りやお札などを燃やして天に還す儀式が行なわれる。この炎にくべて、1年間ガードしてくださったお守りに感謝して、さあ気分新たに、おニューなのを買いましょう……。

なんだか神社の策にハマっている気もするが、1年のルーチンを大事にして、今年もがんばろうとお守りに誓ってこそ歩ける人生もある。

お守りは神の祝福を受け、その力が宿る、いわばミニ神社。家の中に大事にしまっておくよりも、身につけたほうがいいとされる。バッグなどに忍ばせて、生活をともにすると、きっといいことがあるはずだ。

07

神社にはなぜ森や巨木があるのか？

神社の境内を散歩していると、緑が多いことに気づかされる。郊外や田舎はもちろん、ビルに囲まれた都会の神社でさえ、必ず林や森があるものだ。大きな木が立っていることもある。うっそうと茂った森はなんだか不気味で、神社の神秘性をつくる舞台装置のひとつとなっている。

現代を生きる多くの日本人は誤解しているのだが、実は**「神社に森がある」のではない。「森に神社がある」のだ**。まず森があって、あとから神社ができたと考えられている。

太古の昔、深い森は大自然の象徴であり、八百万の神々が住まう場所と思われてきた。古代の日本人は森に聖性を感じ、祈り、祭祀を執り行ない、崇めてきたのである。いわば森そのものが神社であったのだ。原初の神社には建物がなく（↓P144）自然に対して祈念してきたが、森はそのひとつだった。だからいまでも神社と森とはセットなのだ。

東京・明治神宮のご神木。左側にある注連縄で結ばれた2本のご神木は「夫婦楠」とよばれ、ここから拝殿に参拝すると良縁に恵まれるそうだ（©Taichiro Ueki）

『古事記』や『万葉集』に見られるのだが、神社と書いて「もり」と読ませる例がある。現在の日本語でも、杜を「もり」と読むことがある。古来、神社は木々と不可分なのである。

神社を抱く聖なる森は「鎮守の杜（森）」という名でも知られる。村を見守ってくれる存在として大切にされてきた。

鎮守の森の中には、巨木を持つものも多い。樹齢を重ね、長い長い年月にわたって地域に立ち続けてきた巨大な木は、ことさら神聖視された。「ご神木」と呼ばれ、注連縄を巻かれて神社の祀神やご神体になっていることもある。

東京都府中市の大國魂神社《おおくにたまじんじゃ》では、樹齢900年というケヤキのご神木がパワー

京都・賀茂御祖神社の糺の森

スポットとして有名だ。また埼玉県秩父市の三峯神社《みつみねじんじゃ》の拝殿前には、樹齢８００年のスギがあり、ご神木として木に手をついて祈る参拝者が絶えない。福岡県太宰府市の太宰府天満宮は春先に咲き誇る梅が名物だが、これもまたご神木。

鎮守の森自体が有名なところもある。ユネスコの世界遺産にも登録されている京都の賀茂御祖神社《かもみおやじんじゃ》（下鴨神社）は、神話時代から続く重要な神社だが、その敷地の中には広大な鎮守の森がある。「糺《ただす》の森」と呼ばれており、その面積は12万４０００平方メートルにも及ぶ。はるか昔から京の地を見守ってきた森であり、植生は7世紀頃から変わっていないといわれる。『枕草子』や『源氏物語』にも登場する、まさに京の歴史の生き証人の地を、いまの時代にも歩くことができるのだ。

その厳正な名は「過ちや偽りを糺す」ことに由来するともいわれるが、実際に森の中に入ってみると、清潔でひんやりとした空気に包まれる。信仰心がない者でも、思わず襟を糺してしまう、鎮守の森本来のそんな聖性を感じるだろう。

逆に東京都渋谷区の明治神宮は、あとから鎮守の森がつくられたレアケースだ。大正時代になって都心に造営されたが、その当時、周囲に緑はなかった。植樹によって人工的につくられた森なのだ。

08

鳥居の形と色の謎

鳥居には神社によってさまざまな形があるが、大きくふたつに分けられている。**「神《しん》明《めい》鳥居」**と**「明《みょう》神《じん》鳥居」**だ。

神明鳥居は、地上から立つ左右の円柱の上部に、2本の横木（上部は笠木、下部は貫という）を渡しただけの、極めてシンプルなもの。伊勢神宮や熱田神宮はこのタイプの鳥居だ。意匠らしいものといえば笠木の断面が五角形であることくらいで、あとは装飾を徹底して排している。静かで厳粛なたたずまいは、まさに「ここから先は神域」といった感じだ。地図上で神社を表す記号は、この神明鳥居をモチーフにしたものだ。

明神鳥居の特徴は、笠木が2段に組み合わさり、しかもカーブを描いていること。そして柱にはやや傾斜がつけられており、下部に行くほど広がりを見せているものもある。春日大社や八幡神社などが代表的だ。神明鳥居から発達し、芸術性を加えて、進化していった様子を窺わせる。

神明鳥居（右）と明神鳥居（左）。右は伊勢神宮、左は奈良・春日大社の鳥居で、2本の横木に違いが見られる。（左写真 ©masato_photo）

このふたつから派生し、いまでは技術とアイデアを凝らした60以上のタイプの鳥居がある。埼玉県秩父市の三峯神社などは、鳥居の左右にさらに小さな鳥居（脇鳥居）がつけられた「三輪《みわ》鳥居」で知られる。また、世界遺産として名高い広島県廿日市《はつかいち》市の厳島神社は、海上に建つ大鳥居が有名だ。柱を補強するように、左右それぞれに2本の袖柱が添えられているタイプである。

柱が円形ではなく四角い住吉大社、3つの柱を組み合わせた三柱鳥居《みはしらとりい》で知られる京都市右京区の木嶋神社など、レアものも日本の各地に点在。

日本で最も大きな鳥居は、和歌山県田辺市の熊野本宮大社にある。高さ33・9メートルの威容を誇る。反対に、まるでおもちゃ

埼玉・三峯神社の三輪鳥居（©Mkun）

のような小さな鳥居も。熊本県宇土市の粟嶋神社には、高さ、幅ともにわずか30センチの、日本でいちばん小さな鳥居がある。ここをはいつくばってくぐり抜けることができたら、病気の快癒や厄除けなどのご利益があるのだとか。

　鳥居の材質はおもに檜や杉などの木だが、石や銅、青銅を使っているものも。それに近年では、コンクリートや鉄製のものもある。

　また、**鳥居の鮮やかな朱色には、破邪の意味が込められているという**。古代では鉱山などから産出する丹《に》（水銀）から朱の染料を抽出していたが、これは防腐剤や医薬品としても使われた。水銀の性質を利用したのだが、ここから魔除けの色と考えられるようになっていったという。やがて朱＝赤は、太陽や血の色とも重ねられ、生命力や力強さ、神々しさを表す色彩とさ

大阪・住吉大社の角鳥居（右）と京都・木嶋神社の三柱鳥居（左）

れていく。そのため、鳥居をはじめ神社の社殿も赤く塗られたのだ。

そんな朱色がまだ普及していなかった時代の、はるか太古の様式を保っている鳥居がある。京都の嵯峨野、野宮神社《ののみやじんじゃ》にある黒木鳥居だ。クヌギの木を使っているが、皮をはがしていない自然のままなのである。もちろん着色もなく、黒々とした木を組み合わせただけのプリミティブさ。かえって神聖なものを感じさせる。はるかなる昔の、神社の姿をいまに伝えているのだ。

09 鳥居のルーツはどこにある？

神社を表す地図のマークは、鳥居である。それほどまでに神社の象徴となっているのだが、いつ、どんな由来で建てられるようになったか、わかっていないことも多い。

ただ神社にまだ社殿がなかった時代（➡Ｐ１４８）から存在していたといわれる。**その役目は、神のエリアと俗界との境界、結界だ。**これより先は神域だと示しているのだ。

「鳥居」の名のルーツは、一説にはそのままズバリ「鳥が居る」。古代の日本では、鳥は神の使いとして捉えられた。鳥居はそんな神聖な鳥がとまる、止まり木だったというのだ。これには日本神話の裏づけもある。天岩戸《あまのいわと》にこもってしまった天照大御神を誘い出すために、ほかの神々はさまざまな策を講じたが、そのなかには「常世の長鳴き鳥（ニワトリ）」の鳴き声で誘おうというものもあった。そのニワトリをとまらせるために神々が立てた木こそ、鳥居ではないかといわれているのだ。

アジア諸国から海を渡って伝わったという論もある。お隣の朝鮮半島にも、聖域と俗

インドの石門「トーラナ」（右）とアカ族の村に建つ「パトォー・ピー」（左）
（右写真：©Doron　左写真：『雲南からの道』より引用）

域を分かつゲート的なものが存在する。一対の石積みの塔の上からなる「蘇塗《そと》」と、そのかたわらに立てられる2本の木「鳥竿《そって》」だ。どちらもその先端に木彫りの鳥をとまらせる点で、日本神話ルーツ説に似ている。

他にも、中国には中華街の入口で見る「牌《はい》坊《ぼう》」というゲートが、インドでは仏塔の入口に「トーラナ」と呼ばれる石門が建つ。

そしてタイからラオス、ミャンマー、中国雲南省の山岳地帯に住むアカ族も、村の入口に聖なる門「パトォー・ピー」（精霊の門）を設置している。日本の鳥居に似た組み方の門で、ここもやはり木彫りの鳥がシンボルとなっているのだ。アカ族と日本人の文化には共通点も多い。遠く離れた東南アジアの山中から、日本人はやってきたのかもしれない。

10 狛犬のルーツはエジプトにあった？

参道の入口、その左右に、まるで神社を守っているように陣取る一対の狛犬。2匹の勇猛な姿は、神社のシンボルのひとつとなっている。

しかしよく見てみれば、その姿は「犬」とはほど遠い。まるで怪物のようですらある。

我々は「狛犬」というネーミングから勘違いしているのだが、これらは犬ではないのだ。

狛犬は平安末期に日本に伝来したという。その頃は高麗《こま》犬と表記したようで、これはもちろん高麗、現在の朝鮮半島を意味する。中国から朝鮮経由で伝わってきたと考えられている。遣唐使が持ち帰ってきた説もあるようだ。その荒々しい異形は当時の日本には存在しないUMAのような生命体。だからなのか、聖獣として崇められ、宮中に飾られたという。天皇を魔なるものから守る霊力があるとされたのだ。

平安の昔はマスコットのような小型で、木製のものが主流だった。『枕草子』や『栄花物語』には、宮中で愛用される狛犬像の姿が描写されている。いまでいうインテリアだ。

京都・宇治神社の鳥居の両脇に鎮座する狛犬（©Saigen Jiro）

流行は宮中からはじまっていった時代。やがて神社も「魔除けならぜひウチにも」と狛犬を拝借するようになる。神社だけでなく一部の寺院も取り入れはじめ、日本人の信仰に欠かせない愛玩犬になっていく。この過程で大型化と石像化が進み、江戸時代には、すっかり神社とセットになっていたそうだ。

そんな歴史をたどった狛犬だが、中国もまた経由地に過ぎない。インドにも似たような像がある。そのルーツは、古代ペルシャやメソポタミアの神殿を守護するライオン像。さらにつきつめていくと、**その起源はエジプトのスフィンクスにまで求められるのだとか。**遠く古代エジプトの文化が、5000年近い時間をかけてユーラシアを大横断し、日本にまでたどり着いたのだ。

11 狛犬ってオス？　メス？

狛犬は古代の中近東からやってきたライオンであるらしい。であるなら、あの立派なタテガミからして、オスであろう。

だが狛犬には**「阿吽《あうん》」**の考え、陰陽の思想も流れている。2体のうち凛々しく口を閉じているタイプと、牙を剥いて口を開けているタイプがいて、開口型は「阿」、閉口型は「吽」で、ふたつあわせて「阿吽」。そのなかでは「阿」は陽でありオス、「吽」は陰でありメスとされる。となれば2体はオスメスのカップルあるいは夫婦だろうか。

だがしかしてみれば、阿吽像の一種である左右一対の仁王像は、どちらもマッチョな野郎である。やはりガード役は女性が務めるにはなかなかハードなのかもしれない。

実際この解釈はけっこう正しいようで、神社を守る聖獣は力強きオスであるべし、という要求は大きかった。一般的に狛犬は、オスであるといわれている。

しかし中にはレアものもある。長崎県対馬市は豆酘《つつ》にある多久頭魂神社《たくずだまじんじゃ》には、オスと

「阿」の狛犬（右）と、「吽」の狛犬（左）（©Psycho Mato）

メスの狛犬がいるのだ。口を開いた阿形にはオスの、口を閉じた吽形にはメスの、性器らしきものがそれぞれ彫りこまれている。

ほかにも各地に雌雄をはっきりと区別させた狛犬が伝わっているが、そのほとんどは江戸時代以降の作。一般の神社にも狛犬が普及していった時代だ。シャレっ気のある江戸の人々は「やはり性別がないと不便だろう」とおせっかいを焼いたようだ。「口を開けているやつはいかにも強そうだからオス」「いや、弱い犬ほどよく吠えるっていうじゃねえか。メス」などと、陰陽思想などはあまり考えず、自由に発想し、彫り師によって性は変わったという。なんともおおらかな話だ。

また、雌雄以外に、開口型がライオンで閉口型が狛犬という分類、解釈もある。

12

政治の決め事もおみくじで

参拝のシメとして欠かせないおみくじは、古代の占いである**「卜占《ぼくせん》」**に源流がある。動物の骨や亀の甲羅を焼いて、その割れ方で吉凶を読んだりする原初的なものから発展していった。「偶然」「たまたま」ではなく、そこに神の意思ありと捉え、将来を選び取る手段として、人類は占いを好んだ。ものごとを決定する判断材料が現代よりはるかに乏しく、人は常に道に迷っていた時代、占いはどう歩いていけばいいのかを照らしてくれる光でもあったのだ。

この占いがくじ引きスタイルとなって神社に導入されたのは、鎌倉時代のことではないかといわれている。その鎌倉の世を開いた張本人、初代将軍・源頼朝がおみくじにハマッていたらしい。源氏の守護神とされる鶴岡八幡宮の移築先を、くじで決めたという。

さらに同じ鎌倉時代の武将であり執権（将軍補佐）・北条泰時は、その鶴岡八幡宮でくじを引いた。なんと天皇の後継を決めるためだった。政治家がくじに頼るのは室町時

室町幕府４代将軍・足利義持（右）とくじで選ばれた後継の足利義教（左）

代でも同様だ。四代将軍・足利義持の急死にあたり、遺された首脳陣は京都の石清水八幡宮でくじをひいた。次の将軍の人選をくじに委ねたのだ。

政治には重い決断がつきものだ。民草の生活や命が、国の消長がかかる。きっと胃も痛かろう。そこで神に任せてしまうのだ。「俺が言ったんじゃねーし」「神だし」と言いわけも利く。責任回避ではあるが、肩の荷はいくらか下りる。我々の人生も同様だ。おみくじを引いて先行きを神に委ねて、気楽にいこうという先人の知恵が、込められているのだ。

ちなみに、現在日本全国で使われるおみくじは、山口県周南《しゅうなん》市にある二所山田神社《にしょやまだじんじゃ》で、なんとその7割が生産されているのだという。

13 神社に伝わる立入禁止の地

神社とは神の庭である。

いまでこそのんびりとした公園のようになっている神社も少なくないし、地域の憩いの場、観光地ともなっているが、本来は厳しい祈りと祭祀の場であった。

その厳粛さをいまでも伝えるように、一般的には本殿への立ち入りはできず、その中に祀《まつ》られているご神体も見ることはできない（↓Ｐ１５２）。

そして、**境内の一部に立ち入り禁止の場所、いわゆる「禁足地」が広がっている神社もあるのだ**。

有名なのは奈良県天理市にある石上神宮《いそのかみじんぐう》。ご神体とされる布都御魂剣《ふつのみたまのつるぎ》に宿っている布《ふ》都御魂大神《つのみたまのおおかみ》を祀っており、神話の時代から続く日本最古の神社のひとつだ。

かつてはこの剣そのものを拝していたため、石上神宮には本殿が存在しなかった。そして剣が密かに埋まっていると伝えられてきたのが、石上布留高庭《いそのかみふるのたかにわ》と呼ばれていた境内

奈良・石上神宮の拝殿。この裏手に禁足地が、左手に本殿がある

の一角。東西44・5メートル、南北29・5メートルに及ぶ広々とした場所で、とりわけ神聖な場所として禁足地とされてきたのだ。人々はこの禁断の土地に向かって祈りを捧げ続けてきた。

伝承が正しかったことが証明されたのは1874年のこと。当時の宮司が特別な許可を得て禁足地に入り、掘り起こして調査をしてみたところ、神剣をはじめとして勾玉、銅鏡などが多数出土。まさにここは神の宿る地であったと確認され、そのまま禁足地としていまに至っている。またこれをきっかけに本殿が建てられた。

兵庫県豊岡市の出石《いずし》神社にも禁足地がある。面積1000平方メートルほどの大きさで、草木が生い茂る様子は誰ひとり足を踏み

出石神社の禁足地。境内の右奥に厳然と位置する

入れていないことを示している。ここがなぜ、立ち入ってはいけないのか、その理由はよくわかっていないという。ただ石上神宮と同様、ご祭神である天日槍命《あめのひぼこのみこと》が祀られた地でもあるといわれる。

また普段は禁足地だが、定められた期間だけ「解禁」されてきた場所もある。奈良県奈良市の春日大社では、２０１５年に行なわれた式年遷宮（→Ｐ１３４）を記念して、ご神体であり禁足地である御蓋山《みかさやま》への登山が一部の地域で許可された。

伊勢神宮でも、同じく式年遷宮のときに、正宮（本殿）のうちやはり一部への参拝が許可された。しかしこれは、奉賛会員のみ。つまり寄付をした人々だ。その額によって待遇に差があるという。

かつては禁足地だったが、いまでは限定的に訪問が許されている場所もある。こちらも日本最古の神社のひとつ、奈良県桜井市にある大神神社《おおみわじんじゃ》のご神体、三輪山（↓P146）もその一例。撮影や食事の禁止など厳しいルールを守るという条件で、参拝としての登山のみが許可されている。

福岡県宗像《むなかた》市にある宗像大社の神域・沖ノ島は、島全体がご神体だ。その特殊性から「神の島」といわれ、現在も女人禁制、また男性の入島も年に1回の大祭のときだけで、それも200人のみ。ふだんはたったひとりの神職が交代で神域を守っている神秘的な島だが、2017年には世界遺産への登録の可否が審議される。

第二章　神社で行なわれる祭り・儀式の秘密

14 神輿とはそもそも何なのか？

神社のお祭りのつきもの、なによりの華ともいえる神輿。男たちが激しく神輿を担いで町内を練り歩く姿は実に勇壮だが、果たしてどんな意味があるのか。

奈良時代の749年、聖武天皇が進めていた東大寺建設プロジェクトを耳に挟んだ宇佐八幡宮の神は、金色の鳳凰を屋根に頂いた輿にうち乗り、助っ人に出かけたという伝説がある。これが神輿らしき乗り物が日本の歴史にはじめて登場する出来事とされる。ふだんは神社の本殿に鎮座している神だが、イザとなれば扉を開け放ち、世間に飛び出す。**そのときの乗り物こそ、神輿なのだ。**

その後、平安時代に入ると、奈良や京都の神社を中心に神輿が一般化していく。各神社とも趣向を凝らし、デザインを競うようになっていく。

そのお披露目は、祭りのときだ。神社から神輿に乗り移った神は、人々に担がれながら、地域の氏子（↓P96）の住む範囲を流してまわる。祭りという機会を利用して神が

東京・富岡八幡宮の神輿（© 江戸村のとくぞう）

巡回し、地域社会の安定と繁栄を願うという意味があるのだ。**このとき神輿を激しく揺らすほど、神は喜び、より威光が増すといわれている。**

一時的に神が宿るから「プチ神社」「ポータブル神社」などと外国人に解説されることもあるというこの神輿には、変わったものもある。神輿を船に載せて海上をゆく厳島神社、神輿代わりにご神木である巨大なモミの木を引き歩く諏訪大社、ダイヤや純金で装飾された富岡八幡宮のド派手神輿など、地域によってさまざまだ。

15 神輿の建築様式は何に由来する？

お祭りのときに、神社の本殿から神を移し、お乗りいただく聖なる乗り物・神輿。移動式のモバイル神社であるわけだから、**そのつくりもまた神社そっくりなのである。**よく見てみれば、細かいところまで神社の建築様式を模しているのがよくわかる。

中央のお堂は本殿の象徴だが、そのまわりをぐるりとめぐっているのは囲垣《かこいがき》である。社殿や、賽銭箱などで周囲と区切ってある木の柵を見たことがあるだろう。あれと同じもので、神社の中でも特別なエリアであることを示し、分かつものだ。

その囲垣とともにそそりたつのは神社のシンボル、鳥居。知っている人は意外に少ないのだが、神輿は神社と同じように鳥居によって守られているのだ。神社と異なるのは、神輿の場合4面すべてに鳥居が建っていること。また鳥居に龍が巻きついている神輿も。

鳥居から中を見てみると、そこには拝殿の回廊や階段のようなスペースまできちんとつくられている。この回廊には実際に神社のような勾欄《こうらん》（欄干）が設けられている芸の

東京・神田明神の神輿。囲垣、鳥居、鈴などが確認できる（©prelude2000）

細かな神輿もある。

そして回廊の向こうには、神の鎮座するお堂＝本殿。唐戸という精緻な扉がつくられている。これもまた神社建築と同じだ。神社の本堂の御扉が閉ざされていて、絶対にご神体を見ることができないのと同様、**神輿のお堂の扉もまたぴしりと閉じられている**。

そして各所にあしらわれた紋章は、その神社のものにほかならない。まさしく神社そのものなのだ。これらの構造物が日光東照宮のように豪華絢爛な装飾を施され、ハレの日を迎える。いまでも手作業で製作しているのは、神輿師という伝統職人だ。

16

「地鎮祭」では何が行なわれている？

いまこの時代でも、新しく建物を建てるときには、地鎮祭を執り行なうことが多い。これは「とこしずめの祭り」といわれ、**土地の神に建設の許しを乞い、安全な工事を祈願するためのものだ。**大手ゼネコンが技術の粋を尽くした巨大インテリジェントビルを建設する前にも、この古式ゆかしい儀式が行なわれていたりするのだから、日本人はやっぱり信心深いのだと思わされる。

地鎮祭を進めるのは一般的に神社の神職だ。まずは斎竹《いみだけ》という、清めの意味を持つ竹を土地の四隅に立て、これをぐるりと注連縄で囲む。神社にある注連縄と同様、結界を張るためだ。そして八脚の木の代の上に榊の枝を立て、紙垂《しで》と木綿《もめん》をつける。これは神籬《ひもろぎ》といって、神社や神棚以外の場所で神事を行なうときに必要とされる、臨時の依代なのである。

準備が整ったら、米や酒、野菜などをお供えし、神職が祝詞《のりと》（↓P68）を上げて土地を祓うのだ。そして参加者（施工会社や工事会社の関係者、設計者などが多い）が玉串（↓P64）とともに祈りを捧げる。

工事が始まってから、建物の基礎ができたあたりで、上棟式を行なうこともある。その名の通り棟木（屋根を構成するいちばん上の木）を引き上げるための儀式だ。その後に建物から餅やお菓子、小銭を撒く「餅まき」を行なうこともあるが、一般家庭では廃れつつあるようだ。祭りのイベントとして残っている地域は多い。

地鎮祭を執り行なう様子

日本最古の地鎮祭の記録は『日本書紀』にある。692年に「新益京《しんやくのみやこ》（藤原宮）の地を鎮め祭らしめた」と記載されているのだ。その2年後に、持統天皇は飛鳥から藤原宮に遷都している。

17 「新嘗祭《にいなめさい》」とはどんなお祭り？

神社のお祭りというと、神輿や屋台が出る賑やかなものを想像するだろう。これは例大祭という。神社にとって最も大事なお祭りで、年に一度、春や秋に行なう神社が多いようだ。大きな有名神社では、祭神にちなんだ日（誕生日や命日、降臨した日など）に行なわれるところもある。

一方、**毎年11月23日に、全国の神社でいっせいに行なわれるのが、新嘗祭《にいなめさい》だ**。これはいわば収穫祭ともいえるだろう。「新嘗」はもともと「新饗《にひあえ》」と読み、その年に新しく収穫された穀物を意味する。春から丹念に時間と手間をかけて育てた農作物が、実りの秋に刈り取りの季節を迎える。これで今年も、どうにか生きられる……そのホッとした思いと、食べものに対する感謝とが、祭りへと昇華していったのだ。

だから新嘗祭の原型は、稲作が始まった弥生時代初期にまでさかのぼるといわれている。宮中の行事として、正式に取り入れられたのが飛鳥時代の7世紀前半だというから、

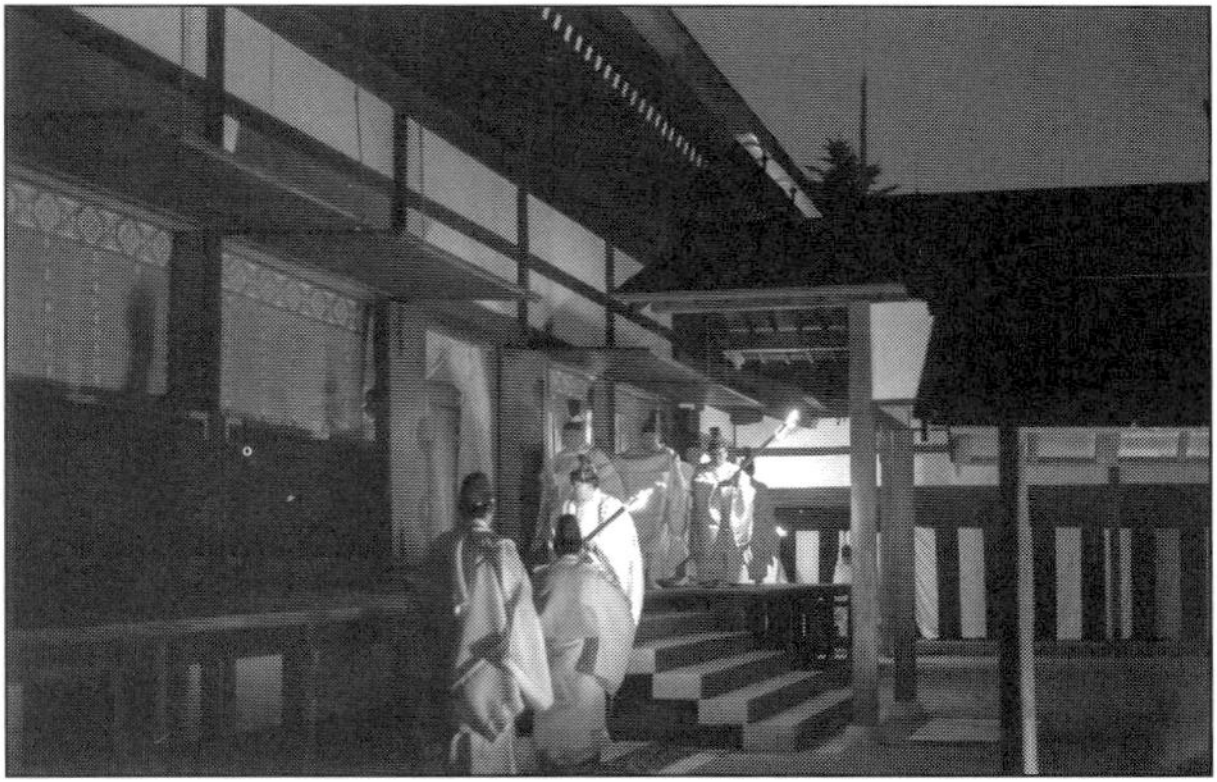

2013年、皇居・神嘉殿で新嘗祭神嘉殿の儀を行なう天皇陛下
（宮内庁撮影／画像提供：毎日新聞）

すでに1300年以上も続いているお祭りなのである。

儀式は天皇陛下が執り行なう。

皇居の中にある宮中三殿の敷地内、神嘉《しんか》殿《でん》に、陛下が新穀を捧げる。そして陛下はこの新穀を自ら召し上がるのだ。こうして五穀の豊穣を神に報告し、感謝する。

2013年には、宮中での新嘗祭の様子がはじめて公開された。身を清め、古式に則り最も神聖とされる白装束に身を包んだ天皇陛下が、たいまつを手にした神職に先導され、祝詞の響きの中、歩いていく姿は荘厳で、古代にタイムスリップしたかのようだった。

ちなみにこのとき捧げられる新穀は、全国各地の都道府県から厳選されて宮中に

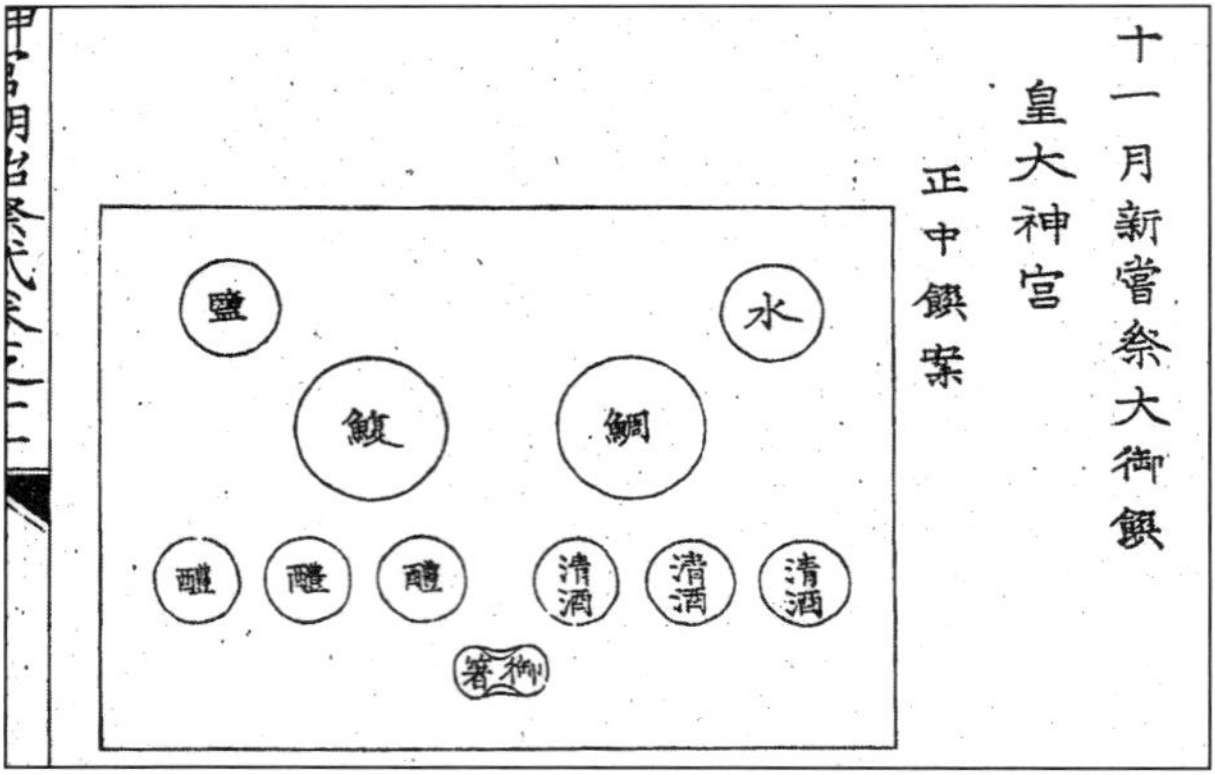

皇大神宮（伊勢神宮内宮）に供えられた新嘗祭の大御饌。水、鯛、鰒、鹽（しお）のほかに、清酒と醴がある（『神宮明治祭式　巻之十一』1875年、神宮司庁刊）

送られるそうだ。

この儀式が、全国各地の神社でも同じように催される。新穀を捧げたあとに、巫女による舞が演じられる神社もある。どれも厳かで、歴史を感じさせるものだ。

なおこの新嘗祭、もともとは11月の2度目の卯の日に行なわれるしきたりだった。それが明治の太陽暦の採用によって、11月23日へと改められたのだ。

戦後になって、日本を占領していたGHQ（連合国軍最高司令官総司令部）によって、11月23日は新嘗祭の日ではなく、勤労感謝の日とされた。国家神道を警戒し、政教を分離する目的があったといわれる。いまでは日々の労働をいたわる日になってはいるが、その原点になっているのは弥生の太古から連綿と続く、実りを祝い、喜び感謝する気持ちなのである。

　この新嘗祭に相当する儀式は、世界の各地で行なわれている。どの民族も、収穫の秋を神に報告することに変わりはないようだ。そのひとつがハロウィンだ。古代ケルト人の収穫祭がもとになっているのだが、現代日本ではナゼか「コスプレの日」と曲解され定着してしまった。それもそれで楽しいかとは思うが、日本本来の収穫祭にも目を向けてほしいものだ。

18 ほかにもある神社の大切な年間行事

新嘗祭と対になっているお祭りが**祈年祭**《きねんさい》だ。新嘗祭が秋の収穫に感謝するものであるのに対して、祈年祭は春の初めに行なう豊穣祈願。別名「としごいの祭り」ともいわれる。「こい」は「乞い」であり、祈りや願いを表している。「とし」は1年の移り変わり、気候のサイクルのことだが、月日の巡る中で成長し、穂を伸ばし、実を宿し、日本人の生活を支える稲作をも、その意味の中に含んでいるのだ。日本人はコメとともに歩んできたことをよく表している。

そのコメが、今年もたわわに実りますように、里や村が平穏でありますようにと、種籾をまく季節を前にして、田畑に祈る神事が祈年祭だ。

新嘗祭と同じように、これもやはり皇居で儀式が行なわれる。宮中の賢所《かしこどころ》が舞台になり、天皇陛下も参加をする。

現在では2月17日に行なわれるが、節分や春祭りと併せる神社もある。

明治初期の祈年祭のようす（『尾張名所図会前編巻三』1880年）

もうひとつ、神社の大切な行事が、半年ごとに行なわれる「**大祓**《おおはらえ》」だ。1年も半分も経てば、人の心身にはさまざまなものが降り積もる。罪や穢れ、災い、過ち……こうしたものを神社にて祓い、清め、また世間に向かえるような状態にするのだ。

6月30日に行なわれるものは、「夏越《なごし》の大《おお》祓《はらえ》」と呼ばれる。厄や穢れを落とす意味もあるが、厳しい夏に向けて体調を整え、心構えするためのものでもあった。医療の整っていなかった時代は、夏場になると伝染病が流行し、毎年多くの死者を出したことも影響しているだろう。

この夏越の大祓のときには、日本全国の神社に巨大なリングが出現する。茅《ちがや》でつくられた大きな輪だ。この輪をまず左回りでくぐり、

大阪・服部天神宮で行なわれる「夏越の大祓」のようす

次に右回りでくぐり、もう一度左回りでくぐり、最後にくぐってから拝殿に参拝すると、厄災や穢れが祓われるのだ。

　また、この時期に行なわれる日本伝統の儀式が、衣替えだ。学校の制服が変わるだけではない。平安の昔から宮中で続いているものなのだ。その頃は衣服や水も乏しかった。貴族といえど、毎日着る服を変えたり、こまめに洗濯をする余裕はなかった。それでも、せめて季節の移り変わる夏越の大祓の頃に、服を一新しよう、夏に繁殖しやすい雑菌に対抗しよう、という意味が込められている。

　大晦日には「年越しの大祓」が行なわれる。新しい年を迎えるにあたって、心身を清めるものだ。年末、各家庭やオフィスで行なわれる大掃除は、もちろんこの儀式に由来している。

それぞれの大祓では、神社から氏子に形代が配られることもある。氏子は、人型をしたこの紙に息を吹きかけて穢れをうつしたり、また体の中で悪い部分を撫でてから神社に持ち寄る。神社では、集まった形代のお焚き上げをしたり、河に流すなどして、氏子たちの、地域の厄を祓うのだ。

例大祭、新嘗祭、そして祈年祭と大祓。地域によってもやや異なるが、これらが日本全国の神社で共通して行なわれるお祭りだ。

19 玉串ってなに？

「終戦記念日の15日、○○大臣は靖国神社に玉串料を奉納しました」

なんてニュースが流れる。靖国神社についての政治的な問題はともかくとして、「玉串料」と聞いて「？」と思う人もけっこう多いのではないだろうか。

玉串とは、**古式に則って神社に正式参拝するとき、神前に捧げる榊《さかき》の枝のこと**。その代金が玉串料だ。現代では「初穂料」と重なっている部分もあるが、玉串は神前の結婚式や葬儀のほか、とくに重要と考えられる記念日で奉納されることが多いようだ。

玉串に使われるのは、みずみずしい緑色が強い生命力を感じさせる榊で、これに紙垂《しで》という和紙をつける。木綿や絹を使う神社もあるが、注連縄（↓P18）のように結界を張る意味がある。儀式で神職が振りかざしている姿を見たことがあるだろう。

正式参拝となると、拝殿の中にお邪魔し、神職から玉串を受取り、作法に従ってこれを神前に捧げる。玉串奉奠《ほうてん》という。

玉串。榊の枝に紙垂をつけたもの

玉串は神の宿る依代と考えられてきた。古代は榊に和紙ではなく玉や鏡などをつけていたという。そんな玉串を打ち振るい、岩戸にひきこもった天照大御神を引き出すための儀式を行なったことが、『古事記』にも記されている。

さて玉串料の相場は、厄除けなら初穂料と変わらず5000円〜。だが結婚式や葬儀となると、30〜50万円といわれる。政治家のえらいセンセイが靖国で終戦祈念するとなれば、果たして玉串料はおいくらなのだろうか。

20 絵馬はもともと生きた馬だった

多数の絵馬が鈴なりにかけられている光景もまた、神社には欠かせない。受験生の切実な願いや病気の快癒を祈るものの中に、「金がほしい」などと欲望を追求するものも散見されるが、ともかく絵馬とは人が神社に願かけをするときに、併せて奉納するものだ。

その昔は、生きた馬そのものを捧げていたのだという。神の乗り物、聖なる生き物と考えられていたからだ。自動車も自転車もない時代、馬は人類にとって最速の乗り物だった。それこそ天を翔けるようなスピードだと古代人は感じたに違いない。そんな馬を、ここぞの祈願の際や、大きな祭りのときに、神社に奉納したのだ。とりわけ白馬が好まれたという。人々の願いを背に、神へと貢がれた馬は、神馬《しんめ》と呼ばれて大事にされた。

だが神社サイドはけっこう困るのであった。飼葉だってタダではないし、馬は手がかかる動物だ。だからといって聖なる馬をそこらに放牧に出すわけにもいかず、懊悩《おうのう》した神社の皆さんは良案を思いついた。**駒形《こまがた》である**。

衣装を着け参拝する、伊勢神宮の神馬。器用に頭を垂れている（©N yotarou）

土や木でつくった馬の像でも、神馬の代替になるという新ルールを適用したのである。奈良時代のあたりだったそうだ。次第にこれも簡略化されていき「絵でもＯＫ」となっていった。ここに絵馬が誕生する。

室町時代になると絵馬はひとつの芸術として昇華され、画題は馬に限られなくなり、また、まるで壁のような巨大絵馬も登場して奉納された。江戸時代には、葛飾北斎など数々の浮世絵師が絵馬をキャンバスとした。

現在も神馬のいる神社がある。東京都の神田明神や大阪市の住吉大社など、いずれも歴史と格式のある神社だ。中でも伊勢神宮の神馬は皇室から送られたもので「御馬《みうま》」と呼ばれている。神々しさすら感じる純白を誇る馬は、月3回、神前に参拝をする決まりだという。

21

神社に伝わる守護の呪文

参拝の際に気合いを込めて、なにやらぶつぶつと詞のような言葉を呟いている人を見たことがないだろうか。**祝詞**《のりと》である。神を称え、敬い、その御力を授かるために必要な文言のことだ。ＲＰＧ的にいえば、光属性の守護呪文を詠唱して防御力をアップさせるといったところだろうか。だがゲームではなく、現実に神社界には無数の呪文が伝わっている。豊作を祈るもの、集落の安静を願うもの、穢れを祓うもの……無数の祝詞が存在し、地鎮祭や結婚式、葬儀などの際に唱えられているのだ。

祝詞の中には、少なくとも１０００年以上も前から使われている「大呪文」もある。平安中期９２７年に編纂された、当時の法律集『延喜式《えんぎしき》』の中に、古代から受け継がれてきた27編の祝詞が収録されている。

このひとつ大祓詞《おおはらえのことば》は、神社本庁に属する神社では毎日唱えられている。そして毎年6月と12月の大祓（➡Ｐ60）では、穢れを清めに来た参拝者も詠唱することになっている。

神前で祝詞をあげる神職

祝詞は現代人からするとまさに呪文と呼ぶにふさわしい複雑怪奇さだが、シロウトでも操れる略式のものもある。

「祓え給い、清め給え、神《かむ》ながら守り給い、幸《さきわ》え給え」

参拝のときにこの一文を呟けば、守護の効果バツグンとなるだろう。なおセリフは絶対に間違えてはならない。言葉には魂が宿る。言霊という存在を日本人は信じている。だからこそ祝詞は神聖視されてきた。呪文は正しく唱えれば祝福が、エラーすると災いが降りかかるのである。

22 実は歴史の浅い神前結婚式

このところ神前結婚式の需要が高まっているらしい。ブライダル業界にノセられてキリスト教スタイルで式を挙げることが流行したのは、実はほんのここ20～30年程度。冷静になってみれば賛美歌なんか知りもしないし、キリスト教といえばクリスマスの由来もたいしてわからない。愛を誓う神父さまは、アルバイトの不良外国人というケースもあるというではないか。

これではいけない。身の丈にあった生活習慣を振り返り、日本の伝統を見直す動きも出てきた昨今「やはり和だろう」と、神社で結婚式を挙げる人々が増えているそうだ。式まではせずとも、披露宴やパーティーの席では、ウェディングドレスではなく白無垢を着る新婦も多いのだとか。

しかし**「日本の伝統」で語るなら、そもそも日本は神前ならぬ「人前」結婚式が主流だった。**新郎の実家に、媒酌人の差配のもと両家の家族が集まり、新しい夫婦の誕生を

イザナギノミコトとイザナミノミコトによる結婚の儀「天の御柱伝説」
（『神代正語常盤草』より）

祝う、実にシンプルなものだった。

このとき、床の間には神の名を記した掛け軸をかけて、式を行なうしきたりがあった。その神とは、イザナギノミコトと、イザナミノミコト。たくさんの国土と神々を生んだとされる神話上のカップルを敬い、仲睦まじさにあやかろうというものだ。

それだけ両神はラブラブだったと伝えられる。「この太い円柱に沿って、互いに逆方向に歩いていきましょう。そうすればどこかでぱったり出会うでしょ。その場所で私たち結婚するの！」どことなくバカップルの香りもするが、これが日本初の結婚式であるといわれる。天の御柱伝説だ。

平安時代に入ると、現代の結婚式の原型のようなものが現れてくる。男性が女性の

大正天皇（左）と九条節子妃（右）の結婚の儀の装束

家に3日3晩通うと、女性側の家族が「露顕《ところあらわし》」という儀式を行なうが、これが披露宴に相当する。新郎新婦を一族に「披露」するスタイルができていったのだ。宮中での式次第に由来するものだ。

　武家社会になると白無垢が登場したり、供え物として酒や魚を持ち寄る風習も定着したが、両家だけで行なわれてきた。神社での結婚式は江戸時代にもわずかながら行なわれていたようだが、一般に広まったのは明治時代後期のこと。

　きっかけは大正天皇（当時は皇太子）と、九条節子《さだこ》姫の結婚式だった。古式の貴族風に正装した新郎新婦、皇居内秘伝の神殿に拝礼する神秘さ、そして神に立てる夫婦の誓い……セレブの結婚式を中継するだけで高視聴率が稼げる日本である。明治の人々もまた、皇太子カップルが見せた新しい婚姻の形に夢中になった。「私も神前がいい！」と若い女性たちの要求が神社に殺到、これを見た東京大神宮はビジネス勘に長けていた。皇室の結婚の儀を模した、神前結婚式の進行や取り決めなど、具体的な枠組みをつくって提供したのだ。これはあっという間に全国で流行した。

しかし昭和の高度経済成長期からバブル期にかけてキリスト教式が席巻したのはご存知の通り。そしていまは揺り戻し、復古の時代なのかもしれない。

23

神道式の葬儀とは？

神社で執り行なう「神前結婚式」（→P70）はよく知られているが、「神前葬儀」もできることはあまり認知されていないかもしれない。神職による神道スタイルで、あの世に導いていただけるのだ。

とはいえ、神社で葬儀を行なうことはまずない。**神の住まう社に、死の穢れを持ち込むわけにはいかないからだ**。この理由によって、日本人の葬儀は長い間、仏式で行なわれてきた。しかし明治の世になり、大日本帝国による国家神道普及の一環として、日本古来の葬儀の研究が進み、これを実践するようになっていった。

神前葬儀は神葬祭ともいわれ、前述の理由で神社ではなく故人の自宅か斎場で行なわれる。まず家族が亡くなったら、神棚と氏神に故人の死を伝える。これを帰幽奉告《きゆうほうこく》という。そして穢れを防ぐために、神棚の戸を閉めてその前を白い紙で封じるのだ。

遺体を北枕にする枕直しの儀、納棺の儀、そして通夜祭と続く。これは仏式の通夜と

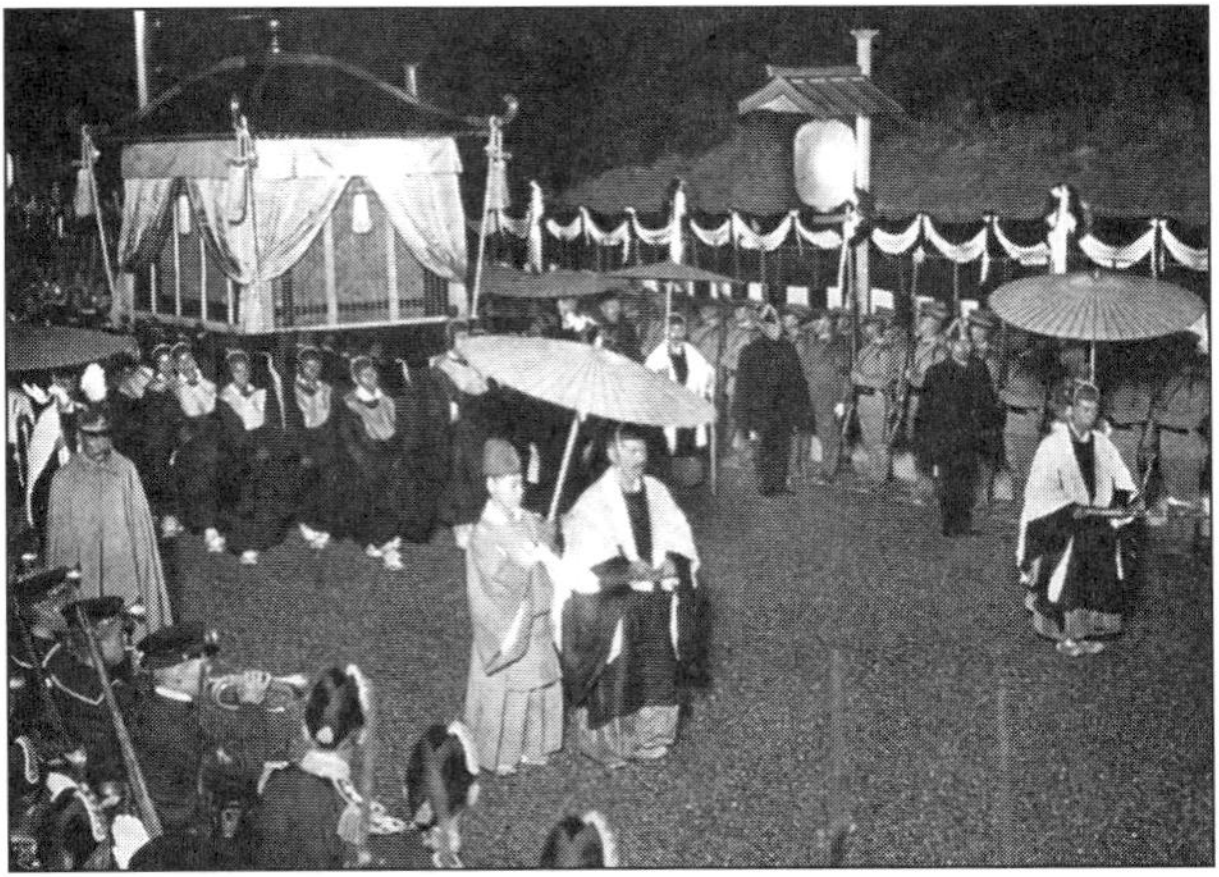

1912年9月14日、明治天皇の大喪の礼。明治天皇が崩御したのは同年7月30日だが、葬儀が行なわれたのはそれから1か月半後であった

似ているが、そのルーツは古代日本の原始的な葬儀**「殯《もがり》」**にあるという。大切な人の死を惜しみ、別れを悲しみつつ「本当に死んだのか」を確認するための儀式のことだ。

つまり遺体が腐敗し白骨化していく過程を、観察しなくてはならない。非常に重く、厳しい葬儀なのである。時間もかかる。日本人の信仰や死生観が生まれて間もないころのしきたりだ。これが簡略化されて、亡くなった当夜だけ故人によりそう通夜となった。さらに仏式にも受け継がれていく。

ちなみに、いまでも「殯」を行なっている一族がある。天皇家だ。日本で最も古い家庭として、このつらい儀式

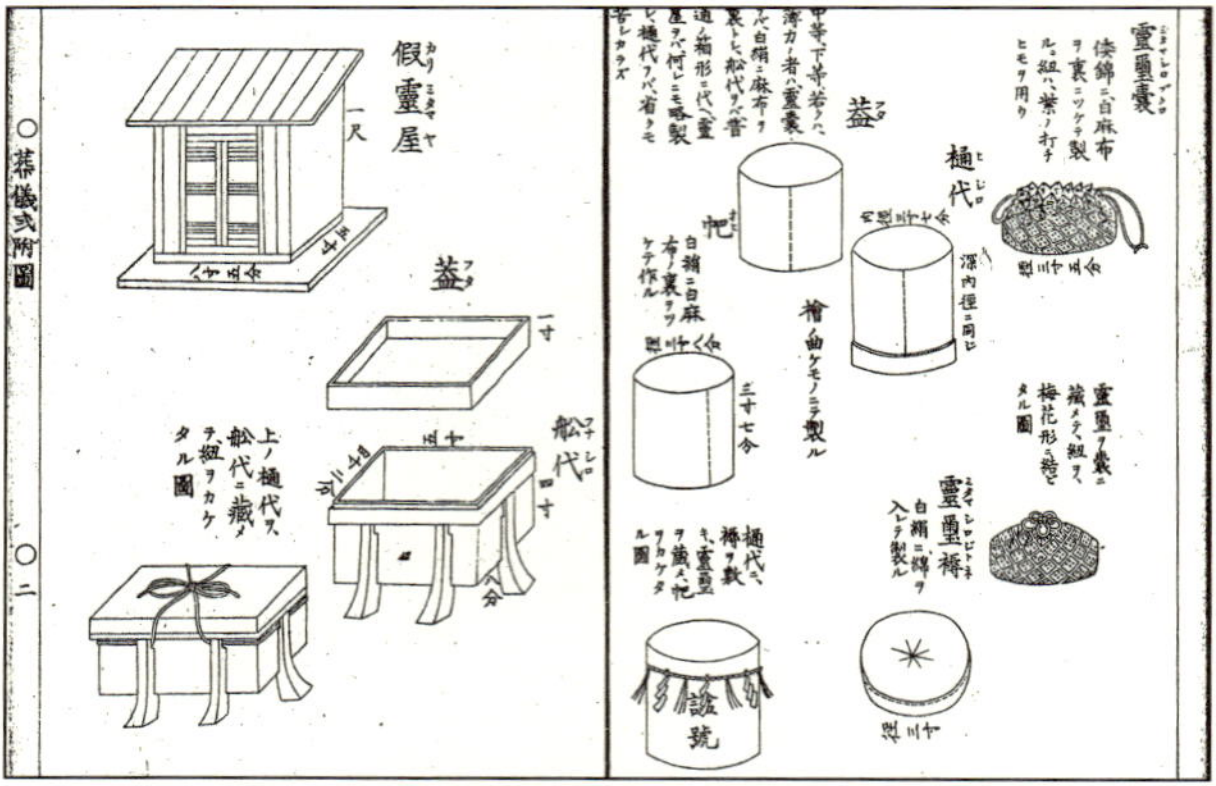

明治時代に刊行された、神道式葬儀に必要な葬具の名称と製法を記した本。別ページには棺や玉串の作り方もある（『葬儀式付図』1887年、神道本局刊）

を代々受け継ぎ、実践しているのである。

さて、通夜祭では、神職が祝詞（→P68）を奏上し、遺族は玉串（→P64）を供えて、夜を徹して故人を偲ぶ。

その翌日は、まず遷霊祭《せんれいさい》が行なわれる。仏教でいえば位牌にあたる、ヒノキでつくられた「霊璽《れいじ》」に、故人の霊を宿らせる儀だ。これ以降、故人は霊璽から家族を見守るのだ。この遷霊祭のときに、神職が「オオ」「オシ」などと声を発することがある。「警蹕《けいひつ》」といって、参列者を畏まらせる注意のようなものだ。合わせて太鼓が鳴らされることもある。古い怪談映画では、幽霊が登場するときに「ひゅーどろどろ」というBGMが重ねられるが、警蹕に由来しているものだとか。

この後は、発柩の儀から葬祭の儀へと移る。再び祝詞の奏上や玉串奉奠が行なわれ、弔電も読まれる。一連の儀式の中で、会葬者が最も多いときとなる。

そして火葬、墓への埋葬となるが、このときも神職の祝詞に送られていく。最後は斎場から自宅に戻って、霊璽を安置し、玉串を捧げる帰家祭で、葬儀は終わる。仏式の初七日などに当たるものとして、翌日祭、10日祭から10日おきに御霊祭《みたままつり》が行なわれ、50日祭で忌明けとなる。以降は3年や5年ごとに御霊祭を開く。

神道葬儀は仏式と違うので、数珠を持っていかない、香典の表書きは「御仏前」ではなく「御玉串料」や「御霊前」とするなど、うっかり間違えやすいものがあるのでご注意を。

24 雅楽は世界最古のオーケストラ？

神話に端を発する日本古来の舞や音楽で、神道の儀式に使われるものが神楽だが、神社で奏でられる調べにはもうひとつある。雅楽だ。神前結婚式などの儀式でよく演奏される。

こちらは日本で生まれたのではなく、**大陸からもたらされたものがベースになっている**。奈良時代に、東南アジアや中国の音楽や楽器が朝鮮半島経由で伝来した。これに、日本特有の音楽観や演奏法などが絡みあい、発展していったのだ。752年、東大寺の大仏の開眼法要が行なわれたときには、1万人以上のオーディエンスを前に雅楽の一大演奏が挙行され、たいへんな盛り上がりを見せたと『続日本紀』は記している。仏教と前後して日本に輸入されたものなので、神社だけでなく寺院もその舞台となったようだ。

笙《しょう》と呼ばれる管楽器、さまざまな種類の笛に太鼓、琵琶や琴などが組み合わさって演奏される荘重さをして、雅楽を「世界最古のオーケストラ」と呼ぶこともあるのだとか。

東大寺の大仏の開眼法要を描いた屏風絵。大仏の周りを奏者が囲む
（「大仏開眼供養図」：『東大寺と正倉院』より引用）

平安時代に入ると、雅楽は一部で神楽と融合し、舞の伴奏を務めるようにもなる。また専門のミュージシャンを育成する寺社も現れた。戦国の世になり一時は衰退するなど変遷を経た雅楽だが、現在、雅楽を正式に受け継いでいるのは宮内庁だ。

宮内庁の内部部局の中でも「式部職」という部署があるが、ここは皇室の各種儀式および雅楽を管轄している。組織内には、皇室に関わる雅楽の演奏を行なう楽部があるが「重要無形文化財総合保持者」と認定されている。

25

芸能のルーツは日本神話にある？

ある日、太陽神でもある天照大御神は、天岩戸に引きこもってしまった。そのため、この世から一時的に光が喪われたという。世間に背を向けた理由は、弟・須佐之男命《すさのおのみこと》の度重なる暴力や嫌がらせであった。ＤＶである。実に人間臭い神々だが、このままではいけないと立ち上がった仲間たちが手を尽くして、天照大御神の社会復帰に尽力したというのはこれまでたびたびご紹介したとおり。

決定打となったのは**女神・天宇受賣命《あめのうずめのみこと》のダンス**だ。彼女が踊ったのは、まるでストリップまがいのセクシーなショーだった。これを見た神々からはヤンヤの喝采が浴びせられる。指笛も飛ぶ。

なにやら楽しそうな様子が岩戸越しに伝わってくるので、たまらず天照大御神はそおっと扉を開け、バツが悪そうに顔を出した……。

日本神話の中でもとりわけ有名なこのエピソードこそ、日本の「芸能」のルーツなのである。

神のために歌い、踊り、祈る。それはまだ文明を得て間もない人類の、原初的な本能に基づいた行為だったのかもしれない。

やがて神社がつくられるようになると、人々はそこに祀られた神のために踊り、楽器を打ち鳴らした。シャーマンとしての役割を持っていた神職や巫女は、神の領域に近づくために、神を憑依するために、陶酔して踊った。

神の居る場に捧げ、披露する踊りや音楽であることから「神座《かむくら》」、あるいは神を楽しませるので「神遊《かみあそび》」とも呼ばれた原始の芸能は、やがて「神楽」と称され、現代に至っている。

天岩戸の前で踊りを披露するアメノウズメ
（『神代正語常盤草』より）

宮内庁楽部の楽師による管弦（画像引用：宮内庁ホームページ
http://www.kunaicho.go.jp/culture/gagaku/gagaku-ph.html）

いまでも祭礼や儀式のときに、この神楽が奉納される。大きな神社になると、専用の神楽殿や舞殿を持っているところもある。参拝のときに、優雅な踊りを見たことのある人も多いだろう。

神楽にはさまざまな演目があるが、代表的なものはやはり、岩戸神話を題材にしたものだ。一連の話が、舞や音楽で表現されていく。

この神楽、実はふたつの系統がある。宮中、いまの皇室内に伝わっている「御神楽」と、民間に広まっていった「里神楽」だ。

御神楽は毎年12月、皇居内にある神楽舎で、宮内庁式部職・楽部の楽師によって奉納され、天皇陛下も臨席される伝統的なものだ。

一方、里神楽は能や狂言のほか、地域ごとのさまざまな文化を吸収し、神社を飛び出して大衆芸能と結びついていく。陰陽道や修験道なども影響した。

神話劇が仮面をつけた舞台劇に変わっていったり、獅子の頭をご神体と見立てた神楽から獅子舞が生まれたりもした。また神楽の添え物に過ぎなかった猿楽や、傘回しなどの曲芸が注目され、見せ物、芸事の一ジャンルとして発展していった。

そして巫女たちもまた、神楽をもとにして日本の芸能の進化に寄与していく（↓P106）。この先にいまの芸能界があるのだ。

里神楽でとりわけ有名なところが、島根県に伝わる石見神楽と、宮崎県の高千穂神楽だ。どちらも神話をもとに、豪華な衣装や面をまとって、荘厳な音楽に乗って演じられる。いまでは観光資源にもなっている。

26

神社と大麻の関係とは？

よく神棚などに飾ってある、天照大御神のお札。和紙の包みで表に「天照皇大神宮」と書かれたもので、お守り（→P24）などと同じく神職によってお祓いをしたのち頒布される。

このお札、正式には**「神宮大麻《じんぐうたいま》」**と呼ばれる。伊勢神宮でつくられるもので、大麻とは本来「おおぬさ」と読む。そして大麻《おおぬさ》とは、お祓いなどに用いられる祭具だ。白木の先に真っ白な和紙が束のようにつけられたものを、神職が手にしているところを見たことがあるだろう。これを参拝者に向けて左右に振り、お祓いとするのだ。この大麻、和紙のなかった古代では、麻の葉が用いられていたことからその名前がつけられたという。

麻は荒れた土地でも力強く繁茂し、その葉は繊維に、種子は食用や燃料にと、幅広く活用されてきた。**たくましく成長する姿から神聖視され、やがて神事に結びつき、**

神棚に祀られる「神宮大麻」

穢れを祓う力があると考えられるようになっていったのだ。そんないきさつから神社では欠かせないものでもあり、注連縄や、拝殿の鈴の縄、巫女さんの髪を結う紐などに用いられている。

そして……遠き古代、大麻＝マリファナは、神を降ろしてご託宣を聞くとき、巫女が舞ってトランス状態に入るとき、トリガーとして吸引されてきたのではないか。神事と密接な関係にあったからこそ、いまでも神社で大切にされているのではないか……そんな学説もある。

現在でもヒンドゥー教では、修行者がマリファナを使ってトリップし、神に近づく行為が公に行なわれている。

第三章　神社に携わる人々と組織の秘密

27

神主とは何をしているのか？

それぞれの神社を仕切るボスのような存在が神職だ。「神主」というのは通称で、正式には神職というのが正しい。

名前がズバリ表している通り、神に仕える職業である。神社とはそもそも、神が宿る、降臨すると考えられてきた土地や山、木々など大自然そのもの。**ここに社をつくって、神の地と定め、祭祀を取り仕切ってきた人々が神職だ。**「神と人との仲執持《なかとりもち》」ともいわれる。神の意思を民に広め、民の願いを神に届ける……神職はシャーマンであったのだ。

太古の昔は、ご託宣の儀の執行者だった。神職は祈りによって神を呼び出すが、依代となるのは巫女である。御神酒や踊り、詠唱などにとってトリップすることで、神と一体化した巫女は、お告げの言葉をその口から零す。神職はこれを聞き取り、天皇に伝えるのだ。そして天皇が、神の意思に則って政を行なう……。これは国のトップだけでなく、地域の各神社でも同様だった。

祭祀と政治が一体化していた古代、神職はまさしく道行きを示すリーダーだった。「祭」「祀」「政」のいずれも同じ音が当てられていることが、その名残りだろうか。

時代が進んでいくと、神職の役割も変わっていく。7世紀頃から律令制度に基づいた法治国家としてのシステムが整えられていく中で、神職は神社を通じた地域住民の取りまとめ役、管理者としての性格を強めていく。中央政府は地域に根を張った神社ネットワークを統治の根拠としたのである。

巫女による神託（『観音霊験記』秩父巡礼十八番神門山修験長生院　巫女の神託：歌川広重・画）

この中でシャーマニズムは薄れていき、神職はどちらかというとプリースト（祭祀者）として、神社を守る、預かる主となっていく。

いまでは神の代理どころか、とっても身近な存在となった。そして現代神職は、サラリーマンと同じくらい忙しいのである。

早朝、精進潔斎して身を清める

ことで一日がはじまる。開門して拝殿も開き、早朝の参拝客を迎えつつ、神前にお供えをしていく。大きな神社だと境内にいくつもの社があるのでけっこうたいへんだ。お供え物は米や魚、野菜など。お供えには祝詞の奏上も欠かせない。毎日繰り返す日供祭《にっくさい》という儀式でもあるのだ。

その後は一日中、神事に追われる。氏子たちや、遠方から来た参拝客のために祈祷をするのだ。お宮参り、厄除け……神前結婚式や葬儀が入ることもあるし、地鎮祭のアポがあれば出向いてお祓いをする。神の需要は多いのである。

そして天照大御神が象徴する太陽の沈む時刻あたりで閉門となり、祝詞を奉じて、おつかれさまでした。

祭りのときともなれば、いつも以上に大忙しとなる。年末年始は寝る間もなく、神社によってはほとんど一睡もせず参拝客の対応などに追われるそうだが、大晦日から三が日がなによりの稼ぎ時。気合いも入るというものだ。なお神社自体は年中無休だが、神職は交代でだいたい週に一度は休みをとるという。

また、神職というと、あの古式ゆかしい独特の装束が思い浮かぶ。白衣という白い和服の上に、狩衣《かりぎぬ》と袴をまとい、黒い烏帽子《えぼし》をかぶる。**このスタイルは平安時代の貴族の服装に由来しているそうだ。**狩衣はその名の通り、動きやすいためもともと狩りのとき

常装（いわゆる平服）の神職（©Japanexperterna.se）

の服装だったが、いつしか貴族ファッションとして定着していったという。

なおこれは、いわば平服で、例大祭や新嘗祭など大事な儀式のときには正装をする。狩衣のかわりに袍《ほう》を着て、烏帽子ではなく冠をかぶるのが、よりフォーマルとされる。

手にしているのは笏《しゃく》という木製の細長い板だ。これは貴族たちが、朝廷での仕事の際にメモ書きなどに使っていたとされる。聖徳太子が肖像画の中で手にしている板がそれだ。

ちなみにスペインの画家、巨匠サルバドール・ダリはこの神職スタイルにいたく惚れ込み、日本のテレビに出演するのと引き換えに装束一式を手配させたそうだ。

28 神職には資格や階級がある？

「神社は世襲制」というイメージが強い。しかし実際は、地方の農家や銭湯と同じように、少子化や過疎化によって跡継ぎに悩んでいる神社は多い。代々の神職でなくとも受け入れていかなくてはならない時代なのだ。

しかし誰だっていいわけではない。神話から続くとされる世界なのである。やっぱり神職にふさわしい知識・教養は必要であろう……というわけで、俗っぽいが厳格な資格が求められる。

その取得にあたって有利な大学があるというのもまた俗世と変わらない。**國學院大學もしくは皇學館大学に進学し、ここの神職取得課程を修了すると、資格ゲットとなる。**

授業は多岐にわたる。古代や中世の神道の世界を学ぶ「神道史学」、『古事記』や『日本書紀』を読み解いていく「古典講読」、雅楽も題材になっている「宗教音楽研究」、模擬の社殿で行なわれる「神社祭祀演習」では、実際に衣装を着て、さまざまな儀式を実

三重・皇學館大学記念館。ここは皇學館大学の前身である
神宮皇學館の本館だった建物だ

演式で勉強していく。神社に寝泊りして、現役の神職たちと寝食をともにする体験学習もある。

こうして、神社で働くため、祭儀を執り行なうための知識と技術を得た新人たちは、全国各地の神社に「就職」していく。両大学には毎年、100社以上の神社から求人票が届くという。

大学を経ない方法もある。神社本庁指定の神職養成所に通うことで資格を得られるのだ。また、なんと通信教育による養成講座なんてものもあるが、これらは有力神社にコネのある人にしか原則的には開かれていない。推薦状が必要だからだ。世襲が崩れつつあるとはいえ、まだまだトラッドな世界なのである。

正装の神職。紫（紫平絹無紋）の袴を着用していることから、身分は二級であることがわかる（©katorisi）

さて、晴れて「就職」した新人たちは、まず厳しい現実を目の当たりにする。神社で働くにはさまざまな「掟」が存在するのだ。毎日『古事記』や『日本書紀』に目を通すこと、自らの冠婚葬祭は神式で行なうこと、四足の動物（豚や牛）、臭いの強い植物（タマネギやニラ）、外国のメニューは食べてはならない……。一般企業ではない。日本人の歴史と心とを見守り、受け継いできた神社で働くには、それなりの志と、しきたりとが求められるのだ。

そして**神職には、会社の肩書きのごとき役職ランキングもある**。最高位はその神社の代表である宮司《ぐうじ》。次に副代表である権宮司《ごんぐうじ》。宮司の補佐をする禰宜《ねぎ》、いわばヒラである権禰宜《ごんねぎ》、見習いの出仕とわけられている。

さらにこれらの役職に就くためには、階位が必要だ。上から浄階、明階、正階、権正階、直階と5つある。自らの階位によって、就ける役職が異なるのだ。明階は國學院大學か皇學館大学の定められた学科を卒業すると得ることができる。両大学の卒業者は、神社界のキャリア組といえるのだ。浄階ともなると、明階の宮司の中で、とくに功績多く、徳高く、人格に優れたものが選出される。階位のほかにも特級から四級まで身分が分けられており、それにともなって身にまとう装束の色や素材も異なってくる。厳しいカースト社会なのである。

いまではリタイア後の第2の人生として、神職を選ぶ人も増えているのだという。定年退職後に國學院か皇學館に入りなおして、神職として地域に奉仕することを目指すのだそうだ。

29

氏子ってどんな人たち？

神社を構成する登場人物でまず挙げられるのが、神職と巫女だ。そして氏子たちもまた、神社の存続には欠かせない。

「氏子」というと「？」と首をひねってしまう若い人もいるのだが、神社の祭りのときに神輿を担いでいる人々と思ってもらえばいい。着ている印半纏に織り込まれているのは、その神社の紋。彼らが氏子だ。では誰の「子」なのかといえばもちろん氏神さま。地域の神社に祀られている神だ。**その神社の周辺に住んでいる地域住民のことを氏子というのだ**。

もちろん神輿を担いでいるだけではなく、祭りの運営全般を執り行なう。そして氏子たちは、神社を生活の中心として生きていく。子どもが生まれればお宮参りをし、七五三に参り、季節の祭りに参加する。神社のほうでも、夏や冬の大祓の時期になると、周囲の氏子の住む家に封筒を配る地域がある。中には人形《ひとがた》が入っている。これに息を吹

祭りのために集まる氏子（©Kaztima109）

きかけて災いを乗り移らせて、神社に持ち寄るのだ。町内から集まってきた人形は、神職が祈りとともに焼き払い、災厄は天へと去っていく……。神社と氏子との関係性の中で、日本人は人生を紡いできたのだ。

地域住民と相互に支えあっている神社……そこで問題になってくるのが、日本の少子化と人口減少だ。すでに過疎化が進み、荒廃している自治体や神社も増えている。2040年までには、およそ3万の神社が消えてしまうのではという試算もある。

一方で希望もある。東日本大震災や熊本地震など、相次ぐ天災のとき、人々は神社に避難し、緊急時のコミュニティの場としたのだ。被災後、まず神社を再建した例もある。神社は地域の精神的な柱だと、人々は再確認したのだ。

30 神社はブラック業界？

神社の主な収入源は、祈祷の料金だ。お宮参りや七五三、神前結婚式、地鎮祭などで、初穂料や玉串料といった名目で得られる。この祈祷料が、収入の80％ほどにあたるという。

このほかお守りやお札などのグッズも最近は人気で、とりわけ寺院も含めて人気が高まっているのがご朱印帳だろう。スタンプラリーのように神社仏閣を巡る「ご朱印ガール」は珍しいものではなくなった。またアニメとコラボして聖地巡礼のファンを集めようと試行錯誤している神社も多い（↓Ｐ２０２）。

というのも、**既存の祈祷料金だけでは立ち行かなくなっている神社が増えているのだ。**伝統的なセレモニーは価値観の多様化の中に埋もれ、昔のような需要を望むのは難しい時代である。そこで、敷地の一部で駐車場を経営したり、不動産ビジネスに乗り出してみる神社もあるが、経営は厳しい。人材難のためハローワークで神職を募集する神社もあるのだが、その待遇は月収15～18万円。非正規の場合も多い。

一方で仕事は多忙で、週に一度くらいの休みが定められてはいるが、結婚式や地鎮祭などが入ればもちろん「出勤」をする。さらに神社独特の階級や身分の制度（→P92）も影を落とす。明確すぎる上下関係をかさに着た、パワハラも横行しているのだとか。

こうしたブラックな職場で働いても、規模の小さな神社では年収200～300万円台。だから、國學院や皇學館といった大学で学ぶ若者たちも、少しでも良い環境を求めて、有名神社、大手神社への「就職」を希望する。それでも一般企業に比べれば、待遇は決して良くはない。神道の世界全体で、根本的な経営改革が必要になってきているともいわれている。

おみくじやお守り授与所、ご朱印所が並ぶ。
どの神社も経営が難しい時代である（©masato_photo）

しかし、日本の伝統を見直そうという動きもまた、年々広がっている。神前結婚式の増加（→P70）や「寺社ガール」が好例だろう。「和」に還ることを模索する人々は多い。

日本人の心のふるさとである神社も、昔年の威光を取り戻していくのかもしれない。

31

外国人の神職がいる

はるか太古から続く極めてプリミティブな信仰である神道。その実践の場である神社は、まさに日本の歴史と伝統とを受け継いできたところといえるが、**実は外国人の神職も存在するのである**。

オーストリア生まれのウィルチコ・フローリアンさんだ。小さい頃、自宅にあった父親の写真集を見たことがきっかけで日本の神社に興味を持ったという。

14歳のときに家族旅行ではじめて来日した際には、夢中で神社をめぐった。お土産としてなんと「神棚」を買って帰り、オーストリアの自宅で毎日お参りをしながら、神社や神道について独学を続けていく。疑問があると日本の神社にメールを送り、訊ねた。

ウィーン大学に進学した彼は、日本学を専攻する。古典文化をはじめ日本の歴史や伝統、日本語を学んだ後に、再び来日。愛知県・名古屋市の上野天満宮に住み込んで、神職の資格を得るための勉強に没頭する。いったん帰国して、ウィーン大学を卒業後、今

三重・野邊野神社（画像引用：津市観光協会公式サイト）

度は國學院大學に入学。神道学を専攻し、前例のない中で、周囲のバックアップもあり、外国人としてははじめて神職の資格を得た。神社本庁が外国人にも門戸を開いた瞬間だった。

その後ウィルチコさんは、東京・渋谷の金王八幡宮を経て、三重県・津市の野邊野《のべの》神社に奉職している。

伝統を重んじる神社の世界ではあるが、新しいものや外部の考えを取り入れて、独自の進化を見せてきたのも日本の文化だ。ウィルチコさんのような新しい血によって、さらに発展をしていくだろう。

32
巫女とはどのような存在なのか？

白衣に真っ赤な袴というスタイルがなんとも特徴的な巫女さんは、神社に欠かせない登場人物だ。楚々とした立ち振る舞いで境内を歩く姿は、まさしく神社のアイドル。真っ赤な緋袴《ひのはかま》の原型は、平安時代にまで遡るといわれている。

そんな巫女は、いまでこそ神職のサポート的な位置づけであり、雑務全般を担当している印象を受けるが、**その昔は彼女たちこそが「主役」であったのだ**。

古代、日本人が神の存在を森羅万象に認め、その力を崇めはじめた頃。儀式によって神を呼びよせ、自らの身体に神を宿らせた女たちがいた。トランス状態となった彼女たちは、その口から神の言葉を紡ぎだす。人々はその「ご託宣」をもとに村を、国を治めていった……。

この儀式を「巫」《かんなぎ(ふ)》といった。巫を司る女であるから、巫女なのだ。身をもって神の言葉を民草に伝える、いわばシャーマンである巫女たちが古代祭祀の中心だった。男の神

現在の巫女。緋色の袴をまとい髪を後ろでひとつにまとめる姿が特徴的
（©Mikel Lizarralde）

職はその補助に過ぎなかったのだ（「巫」を行なう男＝巫覡《ふげき》もいたが、ごく少数）。

シャーマンとしての巫女の中で、最も有名な存在が、かの卑弥呼であったといわれる。彼女はその巫女の力を使いカリスマ性を高め、邪馬台国を支配していたという。3世紀に中国で編纂された『魏志倭人伝』にも登場する、日本の歴史上最古の巫女でもある。卑弥呼を日本神話の最高神の一柱・天照大御神とする説もあるが、想像の域は出ない。日本側に現存する資料がなく、正確なことはなにもわかっていない、神秘的な存在なのだ。

女性が祭祀を司っていた弥生時代から5～6世紀にかけては、卑弥呼に代表されるように巫女は非常に高い地位を誇っていた。巫女をモチーフにした埴輪も出土している。

しかし7世紀頃からはじまった律令制の中で、**日本は男性が権力を持つ社会へと変容していく**。中国や仏教の影響もあり、男性に対する課税が重くなったことが背景にあるともいわれる。また、それまでは男性は狩猟、女性は農耕と作業を分担していたが、安定した食糧生産のために男性も農作業に従事するようになり、村落での男性の発言権が増したことも関係しているようだ。

この時代から、巫女ではなく男性神職が祭祀を執るようになっていったのだ。中世以降は、巫女からはシャーマン色は薄れていく。神楽（↓P80）や舞を奉納して、儀式を補佐する立場へと変わっていった。

そして明治時代。「文明開化」が叫ばれているときに、神を降ろすとかご託宣なんて、あまりにオカルトだろうと新政府は考えた。巫女による託宣そのものが禁止となったのである。巫女禁断令と呼ばれる。しかし、東北地方のイタコ、沖縄のユタやノロなど、いまでもシャーマンとしての活動を続けている女性たちもいる。彼女たちこそ、古代から続く巫女の正統な末裔なのかもしれない。

ちなみに、現代において巫女になるには、神職とは違ってとくに資格などは必要ない。しかし窓口は少なく、大半の場合はそれぞれの神社の近親者や縁の近い氏子などで決まってしまうようだ。それでもときどき俗世に求人が出ることもあり、とくに年末年始は初詣客をさばくために、大手の神社を中心として巫女のアルバイトを募集する。

　だがいずれにせよ臨時雇い。どうしても「正社員の巫女」になりたい場合は、こうしたアルバイトを通してコネをつくるか、あるいは國學院大學や皇學館大学など神道系の大学を卒業すると、数が少ないので狭き門だが、本職巫女の求人がある。

　アルバイトでも常勤でも、条件は25歳くらいまでの未婚であること、日本人であることと、正座ができることなど。結婚をするか、20代後半になると「引退」となる。女の旬だけの仕事なのだ。

33

神を呼ぶ巫女のダンス

神をその身に降ろすシャーマンであった巫女は、儀式の際には舞を舞った。ダンスは単なる遊戯や社交ではない。その動きとリズムによって陶酔し、トリップし、神に近づくきわめて呪術的な行為であったのだ。その原型は日本神話「岩戸隠れ」の中の、アメノウズメの踊り（↓P80）にあるという。

巫女は回転を基本としたダンスを踊り、神を憑依させた。鈴や榊、笹などの依代を手に激しく旋回し、舞う姿は、優美というよりもきっと鬼気迫っていたに違いない。

この舞が原型となり、やがてさまざまなスタイルの踊りが祭祀のときには欠かせないものとなっていく。神楽（↓P80）に取り込まれて、神社芸能の一角として昇華していく。

危機が訪れたのは明治維新のときだ。近代化を目指す大日本帝国はその軸に国家神道を据えたが、このときに神道の改革も行なう。巫女の行為は前近代的だとして巫女禁断令が発令されたのだ。巫女舞も否定されたが、反対する動きもまた広まった。奈良県の

神楽鈴を手に舞う巫女（©m_nietzsche）

春日大社では、巫女舞を伝統芸能の域にまで高めることで弾圧を免れている。戦後になると、春日大社から「コーチ」を招いて、伝統的な舞を保存しようとする神社も多くなっていった。

現在でも神社の例大祭や儀式などで、巫女たちの踊りを見ることができる。古代のような激しいものではなく、柔らかな基調のゆったりとしたものが中心だ。ちなみに島根県松江市の美保神社では、毎日2回、巫女舞が奉納されている。見学も自由だ。

34

現代の巫女のお仕事とは？

なにか味気ないが、巫女のことは別名「女性祭祀補助者」というのだそうだ。かつて神降ろしの儀を一身に担い、神社黎明期のヒロインでありアイドルだった巫女が、いまでは補助者というのも寂しい感じはする。

補助者であるからして、**その仕事は神社の雑務全般にわたる**。私たち参拝者にはお守りや絵馬を売っている姿しかなかなか目につかないが、実はけっこう忙しい。

まず早朝、神社の門を開け、拝殿を開き、参拝者を受け入れる準備をするところから一日ははじまる。その後、神職は朝の祝詞を上げて神にご挨拶をするが、巫女にそんな時間はない。社務所を開いて「営業」の準備をしなくてはならない。お守りや破魔矢、おみくじの補充、さっそくやってくる参拝者の対応……。

時間のあいたときを見計らって、ひんぱんに**「斎戒《さいかい》」**をするのも重要な仕事のひとつだ。掃除である。神社はたいてい広い。参拝者が多ければごみもたまりやすい。落ち葉のシー

初詣の参拝客に対応する巫女。ほかにも、境内の掃除「斎戒」や多岐にわたる業務をこなさなければならない（©senngokujidai4434）

ズンなどはことさらにたいへんだ。それでもせっせと黙々と境内を掃き、お宮など社殿の内部に雑巾をかけ、冬になれば雪かきもする。参拝者の便宜を図るという意味だけではない。神域たる神社は常に、清浄であらねばならないのだ。

このとき集められたゴミは、きっちりと分別をする。木の葉などの自然物は敬うべき八百万の神々の一柱。そのまま捨てるのは神道の心意気に反する。というわけで肥料に使えるものはできるだけ捨てずに再利用するのだとか。

残ったものは敬意を持って境内で焚き火にくべるのが慣わしだ。が、近年では都市部だと焚き火が違法になってしまう場合がある。世間はせちがらい。仕方なくゴミ収集に出す神社も増えている。

事務連絡も巫女の大事な仕事だ。さまざまな問い合わせ、お祓いの予約、氏子の組合や、ほかの神社とのやり取りもある。また最近はどの神社もたいていホームページやブログを持っていて、その更新作業、メールのチェックや返信などもこなさなくてはならない。フェイスブックやツイッター、インスタグラムなどのＳＮＳを運営している神社も多く、ひんぱんな情報発信が求められる。

そして細かな手作業も待っている。お守りや破魔矢など、どれも業者が製作するのだが、たいていパーツごとに納品されてくる。お守りなら内部の木や紙の札と、外側の袋。これらはそのままでは売ることはできない。神の御力が宿っていないからである。そこでまずは神職が神前にお守りや破魔矢を捧げて、祭祀を執り行なう必要があるのだ（↓Ｐ24）。

この儀を経て、効力を持ったお守りを組み立てるのは、巫女の仕事だ。せっせと木札を袋にくるんで縛り、破魔矢に絵馬や札、鈴などを結びつける。ひとつひとつ、巫女さんの手作業なのである。そう思うと、社務所にずらりと並べられた神社グッズが、とたんにありがたく思えてくるというものだ。

ビニールでパウチされているお守りも多いが、こちらも手作業という神社があるのだとか。社務所の奥ではパウチマシンを相手に格闘している巫女たちがいるのである。その前後に運んだり並べたりという力仕事も、参拝者に配布する前にお祓いを受ける必要がある。その前後に運んだり並べたりという力仕事も、巫女はこなさなくてはならない。

こうしたグッズ関連の作業がとくにハードになるのはもちろん年末年始。各神社の例大祭でも飛ぶように売れていくため、作業が追いつかないほどだ。そのため臨時の巫女バイトが活躍するのもこの時期だ。

こうした「業務」にあたっては、言葉遣いにも気をつけなくてはならない。参拝者に対して「いらっしゃいませぇ」と愛嬌を振りまいては街の商店である。厳かに「どうもようこそ」と語りかけるのだ。お守りなどの販売を求められたら「ありがとうございます」ではなく「よくお参りくださいました」と応じ、金額は「〇円のお買い上げ」という言い方を避け「〇円のお納めになります」と、あくまで現世をイメージさせない。そして「おめでとうございます」と手渡すのだ。また巫女がご祭神の前を横切る際には必ず「屈行」といってお辞儀をするしきたりもある。

さらにさらに、勤める神社の由来や、神道・祭祀についての知識などを普段から学ぶのも、巫女の教養だ。巫女舞や神楽が行なわれる神社なら、その勉強や練習も必須だろう。優雅に見えて、巫女はとっても忙しいのである。

35 巫女は娼婦の起源？

「巫女は処女でなくてはならない」というイメージがある。神をその身に宿し、神の言葉を伝える人間には、清浄が求められていたというのが一般的な説だろう。だが一方で、アメノウズメが踊ったというセクシーなダンス（↓P80）にも見られるように、古代の巫女は性的な要素も帯びていた。

祭祀の主役たる巫女がその身体に神を降ろすことは、しばしば性行為の暗喩と解釈されてもいる。「巫」とは神とシャーマンの交わりでもあるのだ。

また、巫女が自らを神の依代とするときにはトランス状態になるものだが、そのトリガーとして、舞とともに性行為を用いたという説もある。性と祈りとは密接なつながりがあったのだ。

また、神を祀る特別な日のことを現代では祭りというが、かつては**「神遊び」**とも呼ばれていた。神と触れ合える、ハレの日であるという意味があるが、ひそやかな性の解放の日、タブーが許される日とも位置づけられていたという。半ば乱交のような状態になることもあった。そんなとき、巫女の流れを汲む「遊《あそ》び女《め》」という女たちが、祭りを先導した。

それも婚姻制度が緩やかだった古代だからだ。そしてこの時代は医療が未発達で、子供たちはささいな病気や怪我でいともあっさり死んでいった。だから子孫を絶やさないためには多産が求められた。乱交は遺伝子の求めた本能的な行為だったのかもしれない。遊び女たちは豊穣と子孫繁栄の象徴だったのだ。

いまでも祭りといえば、夜這いだのフリーセックスだの性的なイメージがまだ残っていたりするが、それは古代から、つい最近の昭和まで行なわれていた事実だからだ。

「遊び女」たちの性行為は、やがて芸事へと進化していった。神社に伝わる神楽や舞から、歌や踊りを習得し、性的な要素と合わさって、専門家集団としての「遊女」が生まれていくのである。このため日本の伝統的な遊郭は、神社のそばに広がっていった。

遊女たちの中には、神社を離れるものも出てくる。たびたび触れてきたが、律令の世になるにつれ男性神職が重要視され、巫女の地位が落ちていったことが影響している。

彼女たちはさまざまな方法で、日本各地をフリーランスの巫女として放浪した。舞や占いを見せた歩き巫女。呪文を唱えて神や霊を降臨させる**市子《いちこ》**。やはり降霊術を生業と

鎌倉時代の白拍子

したが、梓《あずさ》でつくられた弓を持っていたため**梓巫女**《あずさみこ》と呼ばれた人々は、奉納の舞や神楽にも長け、地方に伝統芸能を広める役割も担った。彼女たちは芸事と同様に、その身体もまた商売道具とした。

白拍子《しらびょうし》は男装した遊女による舞だ。長い袴に立烏帽子をかぶり、白鞘巻の刀を差し、巫女舞や神楽から発展した舞や歌を披露した。芸達者な白拍子の中には、武将や貴族といった男たちに囲われるものも現れる。やがて遊女たちは江戸の世になると、吉原をはじめとした遊郭に代表されるように、華々しい存在ともなっていく。

春を売る仕事は世界で最も古いといわれるが、日本の場合は巫女がルーツになっているのだ。いまでも吉原遊郭のたもとには、吉原神社がひっそりとたたずんでいる。

こうした系譜が残る一方で、**処女性を重視される巫女も受け継がれていった**。巫女も分派や多様化が進んだのだろうと推測される。

神社の中でも「別格」とされる伊勢神宮には**「斎王《さいおう》」**と呼ばれる存在がいた。これは伊勢神宮に祀られている天照大御神に、天皇の代理者として仕え、儀式に従事する巫女のこと。代々、天皇が代わるごとに、皇室の未婚の女子の中から占いによって選ばれた。巫女の中でもとりわけ神聖かつ、皇室や神道の中枢に関わっていたものといわれるが、不明な点も多い。

彼女たちは伊勢神宮の郊外にある斎院《さいいん》という場所に暮らし、その生涯を未婚のまま、巫女としての祭祀を行ない続けたという。

この制度は7世紀から14世紀頃まで存続していたが、その間およそ60人の女性たちが斎王としての人生を過ごしたとされる。

36 「○○神宮」「○○大社」「○○神社」は何が違う？

神社の名前にもいくつか種類がある。○○神宮、○○大社、○○神社……。これらは各神社につけられる称号で**「社格」**という。

○○神宮とは、**天皇や皇室の祖先である神を祀っているものの中でも、歴史が古く限られた神社にだけ許された社格だ**。熱田神宮、石上神宮、平安神宮や明治神宮など、まさに別格といった風格の神社が並ぶ。

香椎宮や天満宮、東照宮などの○○宮は、神宮に次ぐ社格とされる。こちらは皇族を祀っているもの。

○○大社は、**地域の信仰を支える大きな神社につけられることが多い**。明治時代から終戦までは、大社を名乗っていたのは出雲大社だけだったが、戦後になって一部の神社が社格を変更している。

そして最も多い社格はシンプルに「○○神社」である。地名やご祭神の名を冠してい

出雲大社が祀るのは、出雲の地で信仰され続けてきた大国主大神である（©yy）

ることが多い。

このほか社格とは違うが、「明神」「大明神」「権現」などと呼ばれて地域に愛されている神社も多い。

さて、こうした社格を飛び越えて、単に「神宮」とだけ呼び表される特別な神社がある。伊勢神宮だ。皇室の祖先といわれる天照大御神を祀り、ほかの神社よりもはるかに特別な存在といわれる伊勢神宮こそが、神の宮なのである。わかりやすく地名をつけて伊勢神宮と呼んでいるだけで、神宮が正式名称なのである。『日本書紀』によれば2000年以上もの歴史があるといわれる「お伊勢さん」は、日本人なら一度は参拝したいものだ。

37

伊勢神宮はなぜ特別なのか？

２０１６年5月に行なわれた伊勢志摩サミット（先進国首脳会議）では、各国の首脳がファーストレディーを伴って伊勢神宮を訪れた。サミットという舞台で、伊勢神宮は世界中からあらためて注目されたのだ。

８万あまりある神社の頂点、神社の中の神社と称される伊勢神宮。その正式名称はシンプルに「神宮」である。わかりやすくするために地名を冠しているにすぎない。**日本にはいくつか「神宮」の社格を持つ神社があるが、本来、その名で呼ばれるべき神の宮は、伊勢ただひとつなのである。**

伊勢神宮のルーツは神話の時代にさかのぼる。太陽を司り、日本神話でも最高神とされる天照大御神は、かつて宮中に祀られ、歴代の天皇をそのすぐそばで守護したという。しかし３～４世紀の崇神《すじん》天皇の時代、国中に疫病や飢饉が流行、多くの人々が命を落としてしまう。

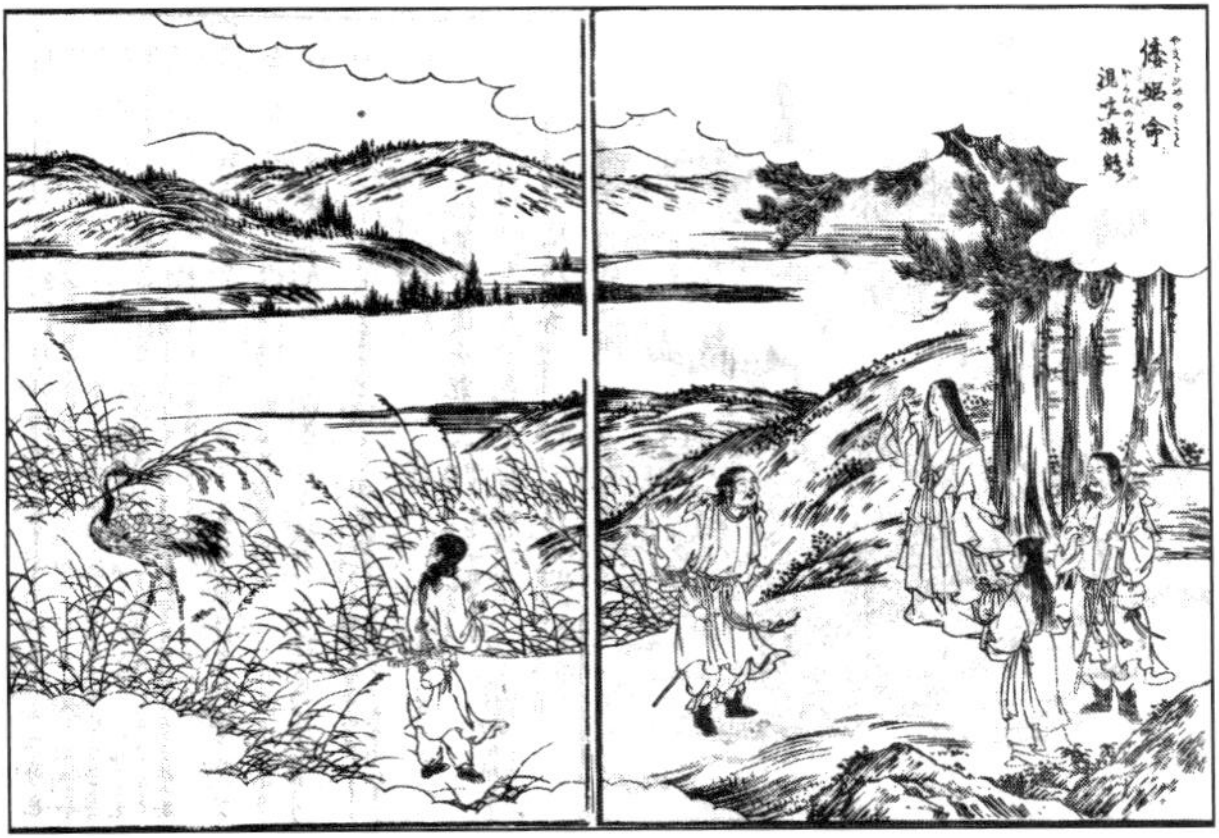

天照大御神の安住の地を探す倭姫命（右から３人目）
（『伊勢参宮名所図会５巻』1797 年）

崇神天皇はこれを、霊力の強すぎる天照大御神が宮中にいるためだと考えた。そこで娘である豊鍬入姫命《とよすきいりひめのみこと》を神の御使いとして宮中から出した。神の安住の地を探す、旅をするためである。諸国を流浪する旅はやがて第4皇女である倭姫《やまとひめの》命《みこと》に引き継がれていく。

いまの近畿地方を巡り歩く長い旅の果て、倭姫命は志摩半島にたどりつく。五十鈴川のほとりで、天照大御神は語った。

「この伊勢の国は常世から波が打ち寄せる美しいところ。ここに居りましょう」

託宣を得た倭姫命は、この地に小さな祠を建てたという。これが伊勢神宮の起源だ。『古事記』や『日本書紀』にも記

江戸時代に描かれた伊勢神宮内宮の図（『伊勢参宮名所図会５巻』1797 年）

述がある。ちなみに倭姫命は、卑弥呼と同一人物であるという説もあるそうだ。

神話の中では、日本の国の成り立ち、根本に携わっている天照大御神を、古くから祀り、また皇室にも深く関わっていることから、伊勢神宮は特別な神社であると信じられてきた。いわば日本の聖地であるといえるかもしれない。**神社本庁では「本宗」として崇めているし、歴代の総理大臣が初詣をすることでも知られる。**現在では廃止されているが、明治時代の近代社格制度（↓P124）でも、ランク外の「別格」とされた。

この伊勢神宮はひとつの神社を指すのではない。志摩半島の全域に摂社や末社、別宮など全部で125の社が点在しており、これらは4市2郡にまたがる。さらに広大な森や、五十鈴川などの清浄な河川、その源流である神路山などの山……人の手のほとんど入っていない、霊域ともいえる古代そのままの大自然もまた、神宮の一部であるとされる。

その中心にはふたつの正宮がある。五十鈴川のほとりには、天照大御神を祀った皇大神宮《こうたいじんぐう》（内宮《ないくう》）が鎮まっている。そして内宮から5キロほど離れた場所には、衣食住や産業の守り神である豊受大御神《とようけのおおみかみ》を祀った豊受大神宮《とようけだいじんぐう》（外宮《げくう》）がある。その規模もまた日本で最大級の神社なのだ。

38 境内のはずれにある小さな社って何?

神社の境内の中に、拝殿や本殿とは別に、小さなかわいらしい社がぽつんと建っているのを見たことがないだろうか。参道のはずれや拝殿の背後などに佇むミニ神社。これはいったいなんだろう、こちらもお参りすべきなのかと迷った人もきっといるはずだ。

この小さな建物は「摂社」「末社」と呼ばれている。**その神社の本殿に祀られている祭神と、縁故・縁戚関係にある神を祀っているものが摂社だ。対してそれ以外の、とくに深い関係のない神を祀ったものが末社だ。**

摂社はいわば親戚の神社から招いた神。末社はその威光、ご利益をおすそわけしてくださいと招かれた、さしずめスペシャル・ゲストなのである。

とはいえ、いまでは両者の間にあまり区別はなく、ざっくりと「境内社」「境内神社」と呼ぶことが多いそうだ。また「枝宮」「枝社」ということもある。

これらの境内社にも手を合わせておくといいことがあるかもしれない。それぞれどこ

出雲大社の本殿（右）と摂社（左の２つ）。摂社のうち、左が神魂伊能知比売神社本殿、右が大神大后神社本殿。いずれも出雲大社の主祭神である大国主大神と縁深い神様だ（©663highland）

のどんな神さまが祀られているものか、解説する看板などが添えられていることもあるので、参拝の時にはチェックしてみよう。意外な場所で、意外な神に出会うことがあるかもしれない。

ちなみに伊勢神宮には、摂社や末社、そして本社のご祭神と特に関係の深い「別宮」という小さな社まで合わせると、125もの境内社があるのだとか。

39

コンビニより多い数の神社をまとめる「神社本庁」とは？

日本全国に、神社はおよそ8万8000社あるといわれる。一方、日本フランチャイズチェーン協会によれば、日本全国にあるコンビニエンスストアの数は約5万4000軒。そして総務省統計局のデータによると寺院は約7万5000だ。神社がいかに多いかがわかるというものだ。

この8万8000社の神社は、かつてその位がランキングされていた。明治維新のときに定められたもので**「近代社格制度」**と呼ばれている。その基本となっているのは、平安時代の延長5年（927年）に完成した、当時の法律集である『延喜式』だ。全50巻からなる壮大なものだが、その中に日本各地の神社の名簿がある。編纂にあたった神祇官が、とくに重要視して記したとされるものだ。ここから『延喜式』に掲載されている神社は「式内社」と呼ばれ、神社界では権威ある存在とされたのだ。少なくとも1000年以上の歴史があるわけだから、格式が高いとされるのも頷ける。

石川・氣多大社。社号標に旧社格の「国幣大社」の文字が残る（©Saigen Jiro）

式内社の中にも、上から官幣社、国幣社、別格官幣社、府県社、郷社、村社と「社格」が細かくランクわけされていた。公に認められていない無格社の神社も多かった。

これらは戦後になってＧＨＱによって廃止されたが、いまでも「官幣大社」「国幣大社」などと記された社号標が境内に建っている神社も多い。

近代社格制度に代わって導入されたのが「別表神社」だ。神社本庁がとりわけ重要視する神社を特別に指定したもので、その数はおよそ３５０社。神社本庁が神職の進退などの「人事」に介入するとされる。

また「勅祭社」も名門中の名門だ。春日大社、熱田神宮、出雲大社、明治神宮などの16社が指定されており、祭礼のときに天皇から勅使が遣わされる。

神社本庁とは行政組織のように思われがちだが、実は民間の宗教法人である。各都道府県に神社庁を持ち、日本にある神社のうちおよそ8万社を傘下にしている。

すべての神社が神社本庁に所属しているわけではなく、単立神社と呼ばれる存在もある。有名どころでは日光東照宮や、伏見稲荷大社、八坂神社などだ。両勢力はことあるごとに対立をしているといわれる。氣多大社は宮司の人事について神社本庁と揉めた末に訴訟となり、神社本庁の傘下から離脱。大きな問題となった。神さまの世界も勢力争いは盛んなのである。

神社本庁はいま政治的にも大きな力を持っている。神社本庁が母体となっている「神道政治連盟」という政治団体が、政権と強く結びついているのだ。この団体の活動を支持する「神道政治連盟国会議員懇談会」には300人を超える国会議員が参加。多くは与党・自民党の議員であり、その会長は安倍晋三首相だ。第3次安倍内閣20人のうち19人がこの会員だった。

いろいろと対立やら上下関係やら、浮世と同様にせちがらい神社界だが、完全にランク外なものがただひとつ。それは伊勢神宮である。別表神社にも記載はない。神社の中の神社として、特別な聖地であるとされる。神社本庁も「本宗」と崇めている。

コンビニよりも多い神社だが、同じような名前の神社が日本にはたくさんある。例えば○○八幡宮、○○天満宮、○○稲荷……。こうした神社は、**大元・総本山となっている、いわば「本店」があり、そこから暖簾わけのような形で、ご祭神を「分霊」したもの。**これを勧請《かんじょう》という。霊は分けてもそのパワーを失わないという考えがもとになっている。

稲荷神社の元締めは、鳥居のトンネルで有名な京都の伏見稲荷大社だ。稲荷神を祀る神社として知られる。狐がシンボルとなっているが、本来は女神。狐はこの稲荷神の眷属であり、使いである。もともと穀物、稲作の神だったが、いまでは農業や漁業だけでなく産業全般の神として参拝者が多い。日本全国に3万の稲荷神社があるといわれる。

八幡神社の総本山は、大分県の宇佐八幡宮だ。ご祭神の八幡大神は応神天皇の霊だと伝えられる。武士の神のような存在で、家が繁栄すると信じられ、日本全国に分霊されていった。こちらは日本で最も多く、4万の分社がある。

天満宮は福岡の太宰府天満宮と、京都の北野天満宮のふたつが総本社。平安時代の貴族で「学問の神」と称えられた菅原道真を祀っている。「天神さん」と親しまれており、受験シーズンになれば参拝する学生たちで賑わう。天満宮、天神社は全国に1万2000だ。

こうして人気のある神社が勢力を伸ばし、傘下のチェーンを増やしていったのだ。

40 「一宮」ってなんだろう？

一宮、二宮、三宮という苗字の方を知り合いに持つ人はけっこう多いことだろう。あるいは同様の地名が近所にあるという人もいると思う。これらもまた、神社に由来しているのだ。

一宮とはその地域で最も格式の高い神社のこと。二宮、三宮と社格の順に続く。四宮、五宮と設定されているところもあった。

この「地域」とは、令制国のこと。奈良時代の頃に成立し、明治時代まで残っていた制度によって区分されていた地方自治体だ。例えば駿河、武蔵、紀伊、土佐といった地名を聞いたことはあるだろう。そのかつての国々の中で、トップとされるのが一宮だ。摂津は住吉大社、甲斐は浅間神社、出雲は出雲大社……。ちなみに伊勢神宮はやはりここでも「別格」とされ、区分されていない。

これら一宮はとりわけご加護厚く「ここぞ」のときの参拝に訪れるとご利益があると

群馬・一之宮貫前神社。社名のとおり、ここは上野国一宮にあたり、二宮以下九宮まで存在する（©ChiefHira）

される。人生の岐路に立たされたら、自分が住んでいる地域の一宮で祈るべし、といわれているのだ。

だがこの序列制度、いったいいつ、どのような経緯で発生したのか、わかっていないことが多い。12世紀に成立したという『今昔物語』の中に「今は昔、周防の国の一宮に、玉祖の大明神と申す神在す」という一説があるが、これがはじめて一宮に触れた記述だといわれる。律令制の成立以降、中央政府が神社を通じて地域を管理（↓P88）していた時代、お上は一宮にまず各種の通達を出していたのではないかともいわれる。政治的な存在であり、神社界の県庁のようなものだったのかもしれない。一宮についてはいまでも研究と考察が重ねられている。

41 神道と武道のつながりとは？

剣道や柔道などの武道場に、神棚が祀られているのを見たことはないだろうか。稽古や試合の前後、道場に出入りするときには、その神棚に礼をするしきたりもある。

剣道、空手道、柔道、合気道、そして神道。いずれも「道」を模索するものである。日本古来の祈りの姿も武術も、その根は同じということなのだ。

そして「武」はまた、神に捧げられるものでもあった。祭祀のときに、神社ではさまざまな武道の演舞が奉納されてきたのだ。また弓道は、古くから神事に取り入れられてきた。流鏑馬は軍事演習だったものだが、転じて神社でのイベントとして発展、神に奉納されるようになった。奉射《ぶしゃ》、御弓神事《おゆみしんじ》などと呼ばれる、豊作祈願、吉凶占いを目的とした、一種のデモンストレーションとしての弓射も、やはりいまでも神社で行なわれている。

神社の縁日などで欠かせない射的も、もともとはおもちゃの鉄砲ではなく弓矢が用い

福島・古殿八幡神社に奉納される流鏑馬（©M Murakami）

られてきた。『延喜式』には、平安時代から宮中で射礼《じゃらい》という儀式が行なわれてきたと記述されているが、これが射的のルーツだといわれている。

武道の中には、天真正伝香取神道流《てんしんしょうでんかとりしんとうりゅう》や神道無念流《しんとうむねんりゅう》、神道一心流《しんとういっしんりゅう》など、剣術や棒術、薙刀などの流派に「神道」という名を戴いたものがある。

また千葉県香取市の香取神宮や、茨城県鹿嶋市の鹿島神宮は、武道の神さまとして知られている。香取神宮は経津主大神《ふつぬしのおおかみ》、鹿島神宮は武甕槌大神《たけみかづちのおおかみ》と、どちらも神話時代に活躍し、東国平定の要として崇められた神を祀っているのだが、これらは戦国時代に「武神」と呼ばれるようになり、武将が参拝するようになる。これがもとになり、

伊勢神宮で行なわれた奉納大相撲（画像引用：『相撲』1958 年）

いまでも武術やスポーツの大会を前にした選手たちが詣でるのだ。道場に飾ってある神棚は、この二神に依るものが多い。

相撲もまた、神社由来の武道である。力士たちが対戦の前に柄杓で力水を受け取り口に含むのは、手水舎で手や口を清めるのと同じ行為である。拍手を打つのは拝殿での参拝に通じる。塩を撒き、四股を踏むのは邪を滅し土俵を浄化する行為だ。

『古事記』には、建御雷神《たけみかづちのかみ》と建御名方神《たけみなかたのかみ》が力比べをしたという神話がある。これが相撲の起源だという。また『日本書紀』には、野《の》見宿禰《みのすくね》と当麻蹴速《とうまのけはや》が、垂仁天皇の前で相撲をとったという一節がある。人間同士の相撲が記載されたはじめての事例だといわれる。

その後も神社を舞台にし、豊作や吉兆を占

う神事として相撲は行なわれ、奉納されてきた。いまでも勝負の際に行司は「はっけよい！」と声をかけるが、これは「八卦良い」の意だ。「当たるも八卦、当たらぬも八卦」の言葉にもあるとおり占いの一種で、中国から来たものだ。また横綱が巻いているのは、注連縄そのものだ。横綱はご神体でもあるのだ。

いまでも数多くの神社で相撲を奉納する神事が行なわれている。また相撲場を持つ神社は全国に５００以上もあるといわれる。武道場のある神社も多い。互いに切磋琢磨し、八百万の神に感謝をして、「道」を歩んできたのだ。

42

神社は数十年に一度、建て替える？

かつて神社には「建物」がなかったことは、たびたび触れてきた。人々は高くそびえる山や巨木、巨岩に大いなるものを感じて、神として祀ってきたのだ。

そんな「原始神社」にも、やがて臨時の社殿などが造営されるようになっていく。神事や祭りなどの儀式のときに、神が宿る依代として（神籬《ひもろぎ》）、捧げものを安置する場所としてつくられた。あるいは巫女が舞う舞台も用意されたかもしれない。

こうした建物は、儀式が行なわれたあとには撤去され、取り壊されるものだった。あくまで仮設であったのだ。

しかし奈良時代に入って大陸から仏教が伝えられ、その豪華な建築物や仏像が日本社会に衝撃を与えた。これに対抗する形で神社も常設の、大きく立派な社殿をつくっていったといわれる（↓P172）。

こうなると、祭りのたびに建て直すことは難しい。しかし仮設のころから、神社の伝

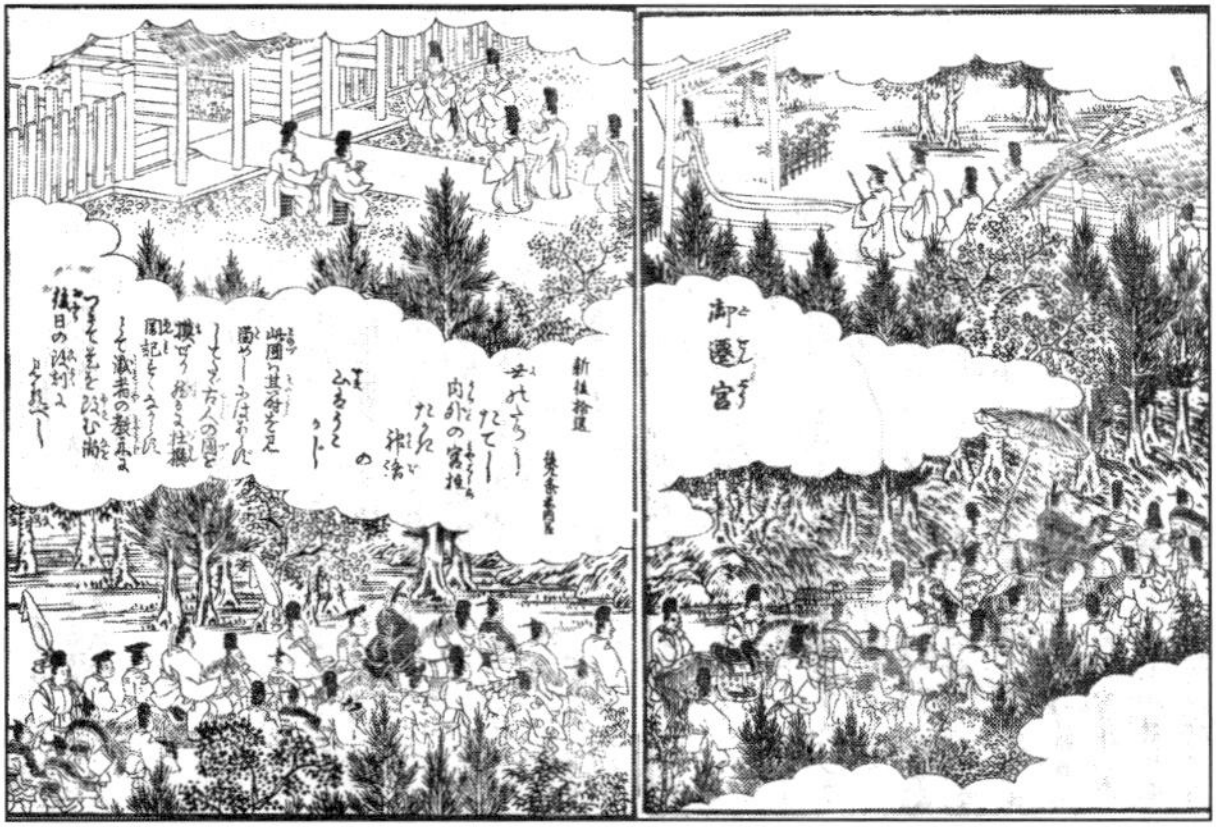

伊勢神宮の遷宮を描いたもの（『伊勢参宮名所図会 5 巻』1797 年）

統的な建設様式は茅葺きや白木作りなど耐用年数のそう長くない素材をもとにしている。そこで、数年、あるいは数十年に一度、建て直す必要が出てきたのだ。これを**「式《しき》年造替《ねんぞうたい》」**あるいは**「式年遷宮《しきねんせんぐう》」**という。本殿や社殿のほか、境内の各所を新築し、ご祭神をうつす「神の引っ越し」も行なわれる。

２０１５年には、奈良県の春日大社で20年に一度の式年造替が行なわれた。７６８年の創建以来、１２００年以上にわたって続いている儀式で、たくさんの参拝客が訪れた。

京都府・福知山市にある豊受大神社《とゆけだいじんじゃ》は60年に一度、式年遷宮が行なわれる。平安時代からのしきたりだ。三重県・津市の香良《から》

伊勢神宮内宮の新正殿に向かう遷御の列。
夜間に行なわれる、ご神体を新殿にうつす儀式である（画像提供：毎日新聞社）

洲《す》神社《じんじゃ》や、福岡県・糟屋郡の天照皇大《てんしょうこうたい》神宮《じんぐう》は20年ごと。出雲大社は明確な時期は決まっておらず、60~70年に一度とされている。ほかにもいくつかの有名神社が式年遷宮を執り行っている。

後年になって国宝や世界遺産に指定されたため、保存の観点から大胆に改築、新築することが難しく、いまでは一部の修復だけにとどめている神社もある。

神社界の頂点と呼ばれる伊勢神宮の式年遷宮は、とりわけ巨大イベントだ。６９０年にはじまって以来、62回１３００年もの間、連綿と受け継がれてきた。20年ごとに行なわれるが、前回は２０１３年だった。

内宮や外宮だけでなく、14の別宮すべ

ての社殿、五十鈴川にかかる宇治橋など、数多くの場所が新しくなった。安置されている宝や装束などもリニューアル。

社殿に使われる木曽ヒノキおよそ1万本や人件費など、予算総額は驚異の550億円に上る。このうち330億円は天照大御神のお札の初穂料で、一般の参拝客のほか全国の神社が買い取る。残り220億円は神社界や財界の寄付でまかなわれたという。準備から公開までは8年がかりだったとか。

従来の式年遷宮は「建物は仮のもの、祀るべきは神そのもの」という考えを再確認するためのものだったといえる。しかし時が移り変わったいまでは、神社の威光を示すための儀式に変わりつつあるようだ。

43

海外にも神社がある！

日本独特の宗教・神道の施設である神社だが、実は海外にもたくさん存在する。きっかけは明治維新だ。ご一新は国内にさまざまな混乱をもたらした。特に地方では税制の改革などから貧困にあえぐ人々が急増し、海外に出稼ぎに出ていかざるをえなかった。

開国を機にまず日本人が目指したのはハワイだ。明治元年のことだが、このときはまだアメリカに併合されてはおらず、ハワイ王国の時代。移民たちが従事したのは主に、サトウキビ畑などでの労働だった。

彼らが慣れない異国での暮らしの中で求めたのは神社だった。**日系移民が定着していった明治30年代に、マウイ島、カワイ島、オアフ島などで神社が創建された**。ハワイ出雲大社、ハワイ金刀比羅神社、ハワイ太宰府天満宮といったところが有名だ。

昭和初期にはブラジルが日系移民の最大の受け入れ国となり、やはり神社もいくつも建立されている。サンパウロにある南米神宮や金刀比羅神社、アルジャーにあるブラジル大神宮など、ブラジルには10を超える神社がいまでも存在し、日系人を見守っている。

時代が進み、日本がアジア各地を占領していった頃、神社は植民地支配の道具として使われた。台湾では公式に認められたものでも68の神社が建てられ、朝鮮、満州、パラオ、サイパン、テニアン、ヤップ島などでも、住民を国家神道に教化しようとした。

しかし日本が敗戦すると、これらは植民地支配のシンボルとして片っ端から取り壊され、現在では日系人の多く住むハワイやブラジルに残っているものが中心だ。その敷地内は完全に日本の神社そのもので、装束姿の外国人の神職が日々、日本語の祝詞を上げていたりする。その一方で、ハワイ大神宮ではジョージ・ワシントンも一緒に祀られていたり、日の丸ではなく星条旗が掲揚されるなど、その土地に合わせて姿を変えているのだ。

ハワイ出雲大社。神額には「布哇出雲大社」とある（©Bittercup）

44 インターネットで神社に参拝できる？

インターネットが社会のインフラとなったいま、神社界も積極的に活用をしている。小さな神社でもホームページを持つのはもう当たり前のことになった。SNSを活用する神社も増えており、行事の様子をインスタグラムで発信したり、有名神社の宮司がツイッターで呟いていたりもする。

ネットの普及は、神社と日本人とを、より近しくした。そしてとうとう、**ネットの海に漂う神社までが出現した。「インターネット参拝」なるものが可能な神社である。**「神社　ネット」などでググれば、ネット上で参拝できる神社がいくつも出てくる。実在する神社が企画しているのだ。

そんな神社のサイトにアクセスし、「ネット参拝」をクリックorタップ。すると神社の実際の境内を模したマップが表示される。書き込まれた番号通りに、順番に選んでいく。鳥居、参道、手水舎……。それぞれの項目では解説や写真が添えられていて、各神社の特徴や由緒がよくわかる。そして本殿へお参りをして終了。

　こうした神社ではお賽銭を振り込みで受けつけていたり、印刷できるお守りや、絵馬の奉納までネット対応。記帳やおみくじももちろんできる。お祓いのときはスマホで依代の人形を呼び出し、画面をこすって息を吹きかけ、自らにたまった穢れを宿らせて送信。これを受け取った神社は実物の依代としてプリントアウトし、お焚き上げをすれば、厄は落ちて穢れは浄化される……。

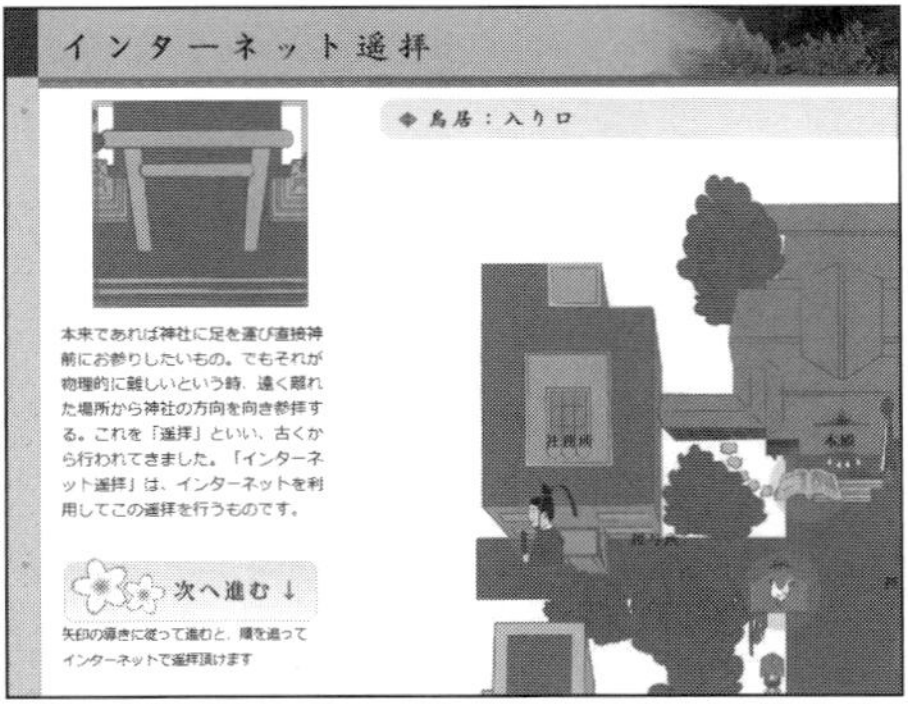

東京・桜神宮のホームページ。「インターネット遥拝」が可能だ（画像引用：http://www.sakura.jingu.net/youhai.html）

　こんなネット参拝、「ちょっと悪ノリなのでは」という声もやはりあるという。神社本庁は神道の本道に反すると否定的だ。しかしネット参拝を行なう神社側は、お年寄りや、身体の不自由な人など参拝に来られない人にとっては大切な手段だとしている。

　日本の神さまは八百万。ならば、ネットの中にも神さまはいるのかもしれない。生活様式とともに、日本人の祈りの方法も変わっていく。

第四章　神社の起源にまつわる秘密

45 「神社」という言葉にはどんな意味がある？

神社はふたつの文字から構成されている。「神」と「社」だ。神とはもちろん、神社に祀られている神であり、八百万の神々のことを指す。神社によってさまざまだが、神のための施設なのだ。

では「社」とはなんだろうか。「会社」「結社」などの言葉でも表されるとおり、いまでは「目的を共有する集団」と解釈されることが多い。だが、**もともとは「土地の神を共有し、ともに祀る地域のグループ」という意味なのだ**。

日本人はこの世のすべてに神が宿ると考えてきた。大自然にあまねく神々を、自分たちが住んでいるエリアに呼び寄せ、定着していただき、安全で幸福な暮らしができるように見守っていただく……そのためには、神が鎮座する「場所」が必要だ。

古代は巨岩や山、滝などを「場所」として定めたが、やがて人工的な祭壇がつくられていった。周辺に住む地域の人間が集まる地にもなっていく。

最古の建築様式「大社造」で建てられた島根・神魂（かもす）神社社殿。国宝。奥の本殿は室町時代の建造であり、建物自体は出雲大社より古い

漢字が輸入される5～6世紀頃から、祭壇などは「屋代《やしろ》」と呼ばれるようになり、これに「社《やしろ》」という字が当てられていく。神が住み、人が祀る場として、神社（かむやしろ）という名が定着していく。「場所」は、時代の移り変わりとともに音読みの神社（じんじゃ）と呼ばれ、現代に至るというわけだ。

また日本人は、八百万の神々だけでなく、祖先の霊も崇め、土地や地域の神として祀りの対象としてきた。神社はそうした個人的な、集落ごとの共同体の神や霊の依るところが、起源でもあるのだ。

46 日本最古の神社ってどこ？

現存している日本で最も古い神社は、**奈良県桜井市にある大神神社《おおみわじんじゃ》だ。**本殿は持たない。鳥居と、拝殿だけで構成されている。拝殿の奥にある三ツ鳥居から仰ぎ見る聖山、**三輪山《みわやま》そのものがご神体であり、信仰の対象**なのだ。いまでも原始神道の祈りのスタイルを受け継いでいる、日本でも珍しい神社なのである。正確な創建年は不明だが『古事記』『日本書紀』には記述が残されている。いわく、大国主大神《おおくにぬしのおおかみ》が、日本の国づくりを成就させるため、三輪山に大物主神《おおものぬしのかみ》を祀ったことがはじまりなのだという。神話の時代から続く神社なのだ。

　三輪山は標高467メートルと小ぶりだが、美しい円錐形をしており、古代から神の宿る山として崇められてきた。また山中には無数の巨石が点在していて、磐座《いわくら》信仰（↓P158）ともつながり、神なる山として信仰されるようになっていった。祭祀の跡と思われる遺跡も多数出土している。

日本最古の神社・大神神社の大鳥居と背後にそびえる御神体の三輪山
（©Saigen Jiro）

聖地として長い歴史を重ねてきた三輪山は、かつては特別な許可を受けた神職しか入れなかった。一般人の入山が許可されたのは明治以降だ。現在では誰でも訪れることができるが、撮影は一切禁止、水分補給以外の飲食も禁止、さらに山にあるすべての生命に神が宿るという観念から、草一本ですら採取を禁止されている。事前の受付も必要だ。単なる登山やハイキングとは違うのだ。

なお建築物として最も古い神社は、京都府宇治市にある宇治上神社だ。本殿は平安時代後期に築造されたという。

47

本殿を持たない神社がある？

神社に参拝に行くとき、人々は拝殿に出向く。そこで鈴を鳴らし、お賽銭を投げ入れ、礼と拍手でもって詣でるのが慣わしだ。拝殿の奥には本殿がある。その神社の祭神、ご神体が祀られている場所だ。

しかし、その本殿が存在しない神社があるのだ。

まず挙げられるのは、日本最古の神社である大神神社（↓Ｐ１４６）だ。神社の借景のようにそびえる三輪山がご神体であり、本殿であるとされている。山に向かって祈るのだ。

山そのものがご神体という神社はほかにもある。静岡県富士宮市にある、富士山本宮《ふじさんほんぐう》浅間大社《せんげんたいしゃ》だ。その名の通り、富士山をご神体とする神社で、日本各地におよそ１３００ほどあるといわれる浅間神社の総本社でもある。現在の社殿は、１６０４年に徳川家康によって建設されたものだ。

富士山山頂に鎮座する富士山本宮浅間大社奥宮（© 名古屋太郎）

江戸時代に編纂された『富士本宮浅間社記』によれば、創建は紀元前27年頃とされる。垂仁天皇の時代、噴火した富士山を鎮めるために建てられたといわれる、ほとんど伝説的な神社なのだ。

山岳信仰、富士山信仰の中核的な神社として知られ、ここに参ってから富士登山を目指す修験者は多かった。古代、山や巨石（盤座）は祈りの対象であり、神社の前身だった（↓P158）が、富士はそれを代表するような山だったのだ。

日本で最も高く美しい山として、聖性を帯びていった富士山は、富士山本宮浅間大社のご神体であると同時に、また神社そのものでもある。標高が高くなるほど、山頂に近づくほど聖なる力が強くなっていくと

諏訪大社のご神木。左が秋宮の一之御柱、右が春宮の一之御柱。諏訪大社のご神木は７年ごとに新しいものに替えられ、そのための儀式が日本三大奇祭のひとつ「御柱大祭」である（©663highland）

いう考えから、八合目以上は富士山本宮浅間大社の境内と指定されているのだ。神の領域なのである。

富士山頂にまで登りつめると、そこには富士山本宮浅間大社の奥宮が建っている。山頂に神社があるのだ。ここで参拝することを大きな目標とする人は、いまでも多い。

また富士山の各登山口にはそれぞれ久《く》須《す》志《し》神社《じんじゃ》が鎮座する。噴火口は大内院（幽院）と呼ばれ、特別な聖域として「禁足地（立ち入り禁止）」となっている。山すべてが神なる社であり、登ることがすなわち参拝であるのが富士山なのだ。

長野県の諏訪湖周辺に4か所ある諏

訪大社も本殿がないことで知られる。秋宮《あきみや》ではイチイ、春宮《はるみや》ではスギの木が神木としてご神体になっているほか、上社では御山と呼ばれる林を拝する。豊かな山林に恵まれた地勢が、こうした信仰を生んだのだろう。

珍しいところだと、温泉がご神体となっている神社もある。山形県鶴岡市にある出羽三山神社のひとつ、湯殿山神社《ゆどのさんじんじゃ》だ。標高1504メートルの湯殿山の中腹に、温泉が湧き出る巨石があり、これがご神体なのだ。かつてはその存在は秘匿され「語るなかれ、聞くなかれ」と戒められ、隠されてきた。いまでも写真撮影は厳禁だ。

ほかにも埼玉県児玉郡の金鑚神社《かなさなじんじゃ》はご神体が御室山で本殿がない。大阪府枚方市にある瘡神社《くさがみじんじゃ》もやはり本殿がなく、周囲の森と池とがご神体だ。和歌山県那智勝浦町には、落差133メートルを誇る那智の滝をご神体とする飛瀧神社がある。いずれも、日本人の自然観と宗教観が融合した神社といえる。

48 神社に祀られているものは見ることができない？

人々は神社を訪れて、手を合わせ、祈る。

なにに対して祈っているのかといえば、もちろん神である。その昔は神の住処と思われた山であるとか巨石、自然そのものに対して祈っていたのだが、いまでは形を変え、本殿に安置されている「モノ」が信仰の対象となっている場合が多い。

神が宿るとされたアイテムは、鉾、弓、鈴などさまざまだ。とりわけ「人気」なのが、玉《ぎょく》（宝石）、剣、そして鏡。この3つが崇められている理由は、神話に由来する。神の子孫が日本に降臨した際に、初代天皇である神武天皇の祖先である瓊瓊芸命《ににぎのみこと》が、天照大御神から授けられたというものだ。

これら「三種の神器」は、いまでも皇室に代々受け継がれているといわれる。「八尺《やさか》瓊勾玉《にのまがたま》」は、天皇の寝室に隣接した特別な部屋に安置され、草薙剣《くさなぎのつるぎ》は熱田神宮の、八《や》咫鏡《たのかがみ》は伊勢神宮の、それぞれご神体となっているといわれるが、**その詳細はいっさい明**

草薙剣を手に業火の中たたずむヤマトタケルノミコト。三種の神器の姿は、かろうじて絵画で見られるのみだ（『國史画帖 大和櫻』より）

らかにされていない。皇室と宮内庁の一部でのみ伝承されており、どんなものであるか、姿かたちですら公開されていないのだ。

同様に、地域の小さな神社でも、一般的にご神体は隠されており、見ることはタブーだ。強引に本殿に上がりこみ、ご神体を暴いた人間が謎の死を遂げたという伝承は、日本各地に残されている。

出雲大社のように、そもそも何がご神体であるのかすら秘密になっている神社もあるほどなのだ。神は畏れ多きもの、見てはならない……という日本人の原初の信仰心が、いまでも受け継がれているのだ。

49

縄文時代にはすでに神社があった？

世界三大宗教といわれるキリスト教、仏教、イスラム教は、いずれも預言者ないし開祖に導かれて広まっていったものだ。また、教えの根本となっている教典を持つ宗教も多い。

しかし、日本の場合、これといった神さまも預言者も、教典も存在しないのだ。

古代の日本人は自然そのもの、太陽であるとか月、山、木々、さまざまな生き物、田畑にまで神が宿ると考え、空と大地とに祈りを捧げてきた。いわゆるアニミズムだ。

どうして「ヒト」ではなく「自然」が崇拝の対象だったのか。それは日本がいまに至るまで災害の非常に多い列島であり、文明以前からその猛威に苦しんできたからではないか、といわれている。地震、津波、台風、洪水、旱魃、大雪……人間の力ではどうしようもない大きな力が自分たちの暮らしのまわりにあり、共存していかなくてはならない現実。だからこそ古代の日本人は、自然のなかに神を見出したのではないか。自然を

秋田・伊勢堂岱遺跡の環状列石Ｄ。縄文時代後期のもの（©Marho）

克服し、制圧するものと考える欧米の文化とは違う。日本人にとって自然とは、畏れ、敬う対象なのである。

そんな天地の風物を見渡したとき、古代日本人は、とりわけ巨大で神々しいもの……勇壮な姿かたちをした山であるとか、大きな岩石、大地をつかみ空に伸びる大木などに注目した。神が憑く、住むと考えた。八百万の神に、とくに近づける場所であると捉えられたのだ。

縄文時代からすでに日本人は、そんな「聖地」の前に祭壇をつくり、原始的な儀式を行なっていたといわれる。これが「神道」の祈りのルーツなのだ。

東北地方を中心に北海道や関東各地では、縄文中後期の環状列石（ストーンサー

島根・荒神谷遺跡の遺物発見場所（©Reggaeman）

クル）がたくさん発掘されている。原始神道の祭祀に使われていた跡ではないかという説がある。土偶や石棒、土版など、何らかのセレモニーに使ったと思われる遺物が出土しているのだ。

島根県の荒神谷《こうじんだに》遺跡《いせき》と加茂《かも》岩倉《いわくら》遺跡《いせき》は、弥生時代のものだ。銅製の剣や鐸が大量に発見されたことで関心を集めた。やはり祭祀が営まれていたようだ。このふたつの遺跡からほぼ等距離の場所には、仏経山《ぶっきょうざん》がある。弥生人たちの聖地だったといわれる。

この山は、8世紀に編纂された『出雲国《いずものくに》風土記《ふどき》』に出てくる「神名火山《かんなびやま》」なのである。「神奈備」とも表記し、「神が隠れ、こもる地」を意味する。山に神が宿ると考えた古代人たちの思想が、そのまま名前に表れているのだ。

自然を崇拝する儀式やスタイルは、時代の流れとともに進化していく。やがて巨木に注連縄の原型のようなものを巻いたり、山を望む場所に鳥居らしきものを建てるようになる。神を祀る場所として、聖域として認知されていく。ここに神社の起源がある。

人知の及ばない大自然自体に、人が装飾を施して信仰の対象としたもの……それが日本の神社なのである。

50 巨石信仰も神社のひとつ？

「巨石」というと、なんだか海外の古代文明を連想してしまうが、実は日本にも数多くの歴史ある巨石が残されている。そのなかには信仰の対象となっているものも少なくない。日本は隠された「巨石文明」の地なのだ。

そして**巨石はまた、神社のルーツにもなっている**。古代の日本人が森羅万象に神を見て、とくに山を神が住まう場所として崇めたことはP154で紹介した。同じように巨石にも、神が宿ると考えたのだ。

秋田県の大湯環状列石をはじめとした「日本版ストーンヘンジ」もそのひとつとされる。縄文時代につくられ、アニミズム的な儀式の場であったといわれる。

そして代表的な「巨石信仰」は、単体の巨石が「ご神体」となっている。いくつもの石を並べたストーンヘンジとは違い、きわめて男性的で雄々しい、ひとつの巨大な岩石なのだ。その威容はまさに神の宿りしもの。前に立てば圧力すら感じる大きさだ。

秋田・大湯環状列石。縄文時代後期のもの（©Takuan~jawiki）

古代人たちはこの大きな存在に畏怖し、神域として結界を張った。石のまわりをぐるりと縄で取り囲み、人間界と区別したのだ。注連縄の起こりである。

こうした場所は神籬《ひもろぎ》と呼ばれ、祭祀が執り行なわれてきた。やがて巨岩のまわりには、祭具を安置する簡素な建物がつくられるようになる。これは儀式のたびに撤去されていたが、いつしか常設のものとなっていく。社殿の起源だ。

神性を帯びた石は**「盤座《いわくら》」**と呼ばれ、祈りの場となり、いわば「プレ神社」として日本人の心に溶け込んでいく。「岩倉」「岩鞍」と表現されることもあるようだ。

その時代の名残を残す神社が、いまでも日本各地にある。最も有名でダイナミック

和歌山・神倉神社のごとびき岩（©senngokujidai4434）

なものが、和歌山県新宮市にある熊野《くまの》速玉《はやたま》大社《たいしゃ》だ。その摂社である神倉神社《かみくらじんじゃ》は、**社殿におおいかぶさるように、ごとびき岩という盤座が鎮座し、圧巻だ。**盤座の懐に抱かれる社殿を見ていると、原始の神社の姿が浮かび上がってくるようだ。

　ほかにも日本の各地に、石船神社という名の神社が無数にある。やはり社殿や境内に、巨石を持っていることが多い。また宮崎県高千穂町の秋元神社、山梨県山梨市の立石神社も、見ごたえのある盤座で知られる。

　大阪府交野市の磐船神社は、盤座が複雑に重なり合ってダンジョンのような空間をつくっており、そのすべてが聖域だ。修行の場として古代から有名だ。六甲連山は磐座が多く、山脈自体を巨石信仰の対象とする説もあるという。また淡路島には、石や岩という名のつく神社が多数。巨石の存在感と力強さとが、神社の信仰に結びついていったようだ。

巨石の前に置かれていた「原始神社」である神籬は、いまでも日本人の生活のなかにある。土木工事や家の建設のときに行なわれる、地鎮祭を見たことがないだろうか。神職が土地の神に工事の無事を祈るものだが、儀式では祭壇の四方に竹を立て、注連縄で囲ったものを目にする（→P54）。これが神籬なのだ。はるか古代から日本人は、伝統を受け継いでいるのだ。

51
古代の出雲大社は超高層建築だった？

日本最古の神社のひとつ、出雲大社。日本神話にも登場するほどの歴史をもち、とりわけ格式の高い神社だが、その建築様式にも特徴が見られる。大社造りと呼ばれるスタイルで、古代の住居をもとにつくられたという。高床式で、屋根の破風側に入口がある妻入り、正方形に近いレイアウトなどで知られる。伊勢神宮に代表される神明造りとともに、日本最古の神社建築の姿をそのまま伝えているという。

この古式ある出雲大社の本殿、**その昔は地上からはるかに高い場所に安置されていたという説があるのだ**。まず長さの違う柱を、短い順に建てていき、その上に階段を設置する。少しずつ高空に近づいていく巨大な階段は、まるでピラミッドの一面を切り取ったかのようだ。その頂上に、神の宿る本殿が鎮座する……。古代の人々は「天空神社」を見上げ、崇め奉ったことだろう。

この説が裏付けられることになる。２０００年に、出雲大社の地下から巨大な柱が発

出雲大社の地下から出土した巨大な心御柱。3本あわせての直径は3メートルにおよぶ（画像提供：毎日新聞社）

掘されたのだ。3本の木を束ねてひとつの大柱としたもので、**その質量であれば、少なくとも高さ48メートルの木造建築を支えることができると推定されたのだ。**

出雲大社には「上古の時代には32丈の高さがあった」という伝承が残されている。32丈といえば約96メートルだ。30階建てのビルに相当する。現代の技術でもその高さの木造建築は難しいといわれるが、古代の日本人はオーパーツのごとき、知られざるテクノロジーを持っていたのかもしれない。

52

古墳の上に立つ神社がある？

古代の有力者たちの墓といわれる古墳。3～7世紀にかけて多く造営されており、仁徳天皇陵の前方後円墳がとくに有名だが、実は日本全国で16万を超える数の古墳がこれまでに発掘されている。

その古墳の上に建つ神社というものが存在するのだ。東京都府中市の武蔵府中熊野神社古墳などが有名だが、ほかにも日本各地に分布している。

奈良県天理市の和爾下神社《わにしたじんじゃ》は、4～5世紀の前方後円墳の上につくられている。神社自体は8世紀の奈良時代の創建といわれる。**古墳に眠る豪族の霊を、神と見立てて建てたのかもしれない**。

古墳は近代に入って科学的な調査が進むまでは、単なる山や丘と思われていた場所も多い。地域の集落を見晴らせる高台に、古墳の記憶も薄まった後世になって、そうとは知らず神社を建てたというものもあるようだ。

東京・武蔵府中熊野神社古墳

しかし「古墳神社」の数の多さから考えると、やはり両者にはなんらかの関連性があると見られているが、くわしいことはまったくわかっていない。現代に至るまで謎なのだ。

とくにふしぎなのは、神社のほうが古いものだ。「埼玉」のネーミングの由来となったといわれる埼玉県行田市の前玉神社《さきたまじんじゃ》は4世紀の創建だが、その下の浅間塚古墳は7世紀のものだ。文明黎明期から聖なる地とされ、原始的な祭祀が行なわれていたという説がある。古代のパワースポットのような場所で、権力者を葬るのも、神を祀るのも「ここしかない」と古代人たちは考えていたのだろうか。

53 天照大御神はなぜ特別なのか

天照大御神を祀っている神社のことを、神明神社と呼ぶ。その筆頭は、神社の中の神社といわれる伊勢神宮の内宮（皇大神宮）だ。ほかにも無数の神社が、この女神を祀っている。

ここまでさまざまな章で登場してきた天照大御神。太陽を司る、日本の八百万の神々の中でも最高神とされる。また皇室の祖の一柱ともいわれ、その「特別性」は日本の歴史においてずっと伝承され続けてきた。

イザナギ（伊耶那岐命《いざなぎのみこと》）の禊から生まれた天照大御神は、自らの孫であり、天皇の祖先ともなる邇邇芸命《ににぎのみこと》にこう諭した。「ここ高天原《たかまがはら》の稲をお前に委ねよう。この稲を葦原《あしはらの》中国《なかつくに》でも育て、田を広げ、米をつくりなさい」

高天原とは神々の住まう天上界のこと。そこでも稲作は行なわれており、天照大御神は自らもその仕事に従事していたのだ。この稲を人間の住まう地上界である葦原中国に

天照大御神から邇邇芸命に稲が授けられる様子を描いたもの
（「斎庭の稲穂」部分　今野可啓・画）

も与えよう……。稲作は日本人の魂そのものである。コメは日本人の暮らしを支え続けてきた穀物だ。日本人は稲作を始めることによって定住化し、文明化し、弥生時代を拓いた。**そのコメをもたらした存在こそが、天照大御神なのだ。**

　だからいまでもその子孫である天皇は、稲作に関わるさまざまな神事を行なっている。豊穣を祈願し、田畑に祈る祈年祭（→P60）、コメの収穫を祝う新嘗祭（→P56）……。日本の文化の基礎である稲作の発生に関わっているとされることも、天照大御神が重要視される理由なのだ。

54

神社とお寺の違いって何？

神社は神さまを祀る場所で、お寺は仏さまを祀るもの。神社が神道、お寺は仏教。それは一般常識ではあるが、両者の個々の違いを探ってみると、意外に知らない事実もあるものだ。

例えば仏教には、お釈迦さまという開祖がいるが、**神道にはこうした存在はいない。**八百万とさえいわれるあまたの神々も、あくまで神話のキャストに過ぎず、このうちの誰かが神道を拓いたというわけではないのだ。

その神話について記す書物が『古事記』や『日本書紀』だが、これらはなにかの教えを説いている、いわゆる聖典ではない。日本の国のはじまりを描いた神話集であり、王権の正統性を主張する書物だ。対して仏教には『法華経』『般若心経』などの、悟りへの道や、釈迦の教えを記録した聖典（仏典、経典）がある。

敬う対象も異なる。**神道は自然そのものや、それらを神格化した神々、祖霊を崇拝す**

る。仏教は悟りの境地に至った仏や、悟りを目指して修行する菩薩、仏教徒を守る明王などを信仰する。

こうした考えは、それぞれの施設にもよく表れている。お寺には仏像や菩薩像など、具体的な形を伴った、祈る相手である偶像があるのだ。一方で神社の本尊は神の依代であるご神体こそあるが、一般的には人の目に触れてはならないとされ、秘匿されている。

東大寺の大仏（正式名称「東大寺盧舎那仏像」）。仏教における祈る対象だ（©Mass Ave 975）

建築様式にも違いが見える。茅葺きや白木作り、鳥居など、おもに木々でつくられた神社。瓦葺きや石積み、多重塔など、石で重厚につくられたお寺。こうして比べてみると、あいまいながらも多様性を持ち、刹那的な性格もある神社はいかにも日本人的だ。対してお寺の明快さと堅固さは、大陸を感じさせる。

東大寺大仏殿。神社とは違った重厚感がある（©Wiiii）

またお寺にはお墓がつきものだが、神社にはない。お寺は生・老・病・死の「四苦」と向かい合い修行する場であり、人は死んだら仏になるという考えから、霊園を併設しているところが多い。神社はもともと神を敬う祭祀の地であったため、清浄な場であることを大事にし、死という不浄を持ち込まないことが決められている。

そんな神社とお寺とで働いている神職と僧侶にも、いろいろと違いはある。まずその頭からしてだいぶ異なる。神職はこざっぱりとした短髪だが、僧侶は満月のごときハゲ、剃髪がふつうだ（髪を伸ばしていい宗派もある）。

７万５０００のお寺に僧侶はおよそ34万人だが、８万８０００の神社に神職は

2万2000人ほどしかいない。あきらかに手が足りていないのである。加えてお寺には葬儀や埋葬など墓からの収入があるが、対して神社にはこれがない。たいへんなのである。

神職になるには資格が必要（→P92）だが、僧侶は宗派やお寺によってさまざまだ。訪れる参拝客にも作法に差がある。現世での幸せを祈って、一般的に二拝二拍手一拝で参拝する神社。数珠を手に持って、死後の安寧を祈り、合掌して参拝するお寺。日本人ならば、どちらにも行く機会は多いだろう。参拝の際には、両者の差をよく観察してみよう。

55

神社の社殿が立派なのは仏教への対抗心から？

神社にはさまざまな建物があるが、そのうち参拝者がお参りする場所はその名の通り「拝殿」である。そしてご神体が祀られている場所が本殿で、こちらへの立ち入りは禁じられているのが普通だ（↓P152）。

祈りの地である拝殿は大きく立派であることが多い。そのためこちらが本殿だと勘違いしている人もいるのだが、**拝殿はあくまで付随施設。本殿こそが神社で最も神聖な場所なのだ**。そのため本殿には、建設当時の技術が惜しみなく使われており、文化財としても貴重なものが多い。

だが古代の神社は、質素なものだった。そもそも本殿がなかったり（↓P148）、四方に竹を立てて注連縄でくくっただけのもの（神籬）を儀式のたびに設置（↓P158）する程度だった。祈りに建物は不要だと考えてきたのだ。

しかし6世紀に伝来した仏教は、当時の日本人に衝撃を与えた。とりわけ建築物の数々

島根・美保神社の社殿。手前の大きな建物が拝殿で、
奥の建物が本殿である（©Boss）

だ。豪華絢爛な祠堂、天を突く塔、具体的な姿かたちを持って人間を救済するブッダの像……これらに比べて、神社は「ジミ」と感じた人々が、次々に仏教へ転向、一大ムーヴメントとなる。

危機感を持った神社界も、立派な社殿で対抗を開始。以来、仏教と神道は争いつつも、日本で共存していくことになる。

ちなみに、神社を飾るオブジェのひとつ、燈籠もこのとき仏教とともに日本にもたらされたもの。もともとは古代インドの仏教寺院で夜間の灯りに使われていたが、神仏習合（↓P１８２）の流れの中で神社にも置かれるようになったのだ。

56

神社にも男女の性別がある？

仏教建築の見事さに腰を抜かした神社界が、あわてて社殿に力を入れ始めたのが6～7世紀頃だといわれる。

大陸から伝来した仏教にまるで対抗するかのように、モチーフにしたのはうるわしき日本の伝統。稲を保管する穀倉である。ただの食料庫ではない。いまに至るまでコメは日本人の暮らしを支えてきた主食だ。だから古来、田と稲とは神が宿る神聖なものであり、実りを迎えて収穫されたコメを預かる稲倉は、特別な存在だと考えられてきた。

そんな稲倉建築をもとにさまざまな様式が派生していった社殿だが、屋根の上を見てほしい。**左右の突端に、×のように交差している木があるはずだ**。これは**千木**《ちぎ》と呼ばれている。もともとは屋根の大枠をつくる骨組みのようなものだったといわれるが、それがイケてるということでデザインとして残されてきた。

この千木、よく見ると神社によって先端が異なる。地面に対して先端の切り口が水平

内削ぎの千木（左）と外削ぎの千木（右）
（左：島根・美保神社 ©Boss、右：山梨・熊野神社 ©Shouichin）

なものと、垂直なもの、ふたつの種類があるのだ。

　水平な千木は内削ぎ、垂直な千木は外削ぎといわれる。そして**内削ぎの神社は女性の神を祀っており、外削ぎの神社は男性の神を祀っている。**性があるのだ。

　八百万の神々のなかから神社は「これ！」というスターをチョイスして祀り続けているわけだが、その神は男女さまざまだ。例えば日本の国を産んだという神話のヒーロー・イザナギ（伊耶那岐《いざなぎの》命《みこと》）は男神で、その妻でありヒロイン・イザナミ（伊邪那美命《いざなみのみこと》）は女神だ。神社の大多数が日本神話に登場するキャストたちを祀っているが、屋根を見ればその性別がわかるというわけだ。

男神のスサノオを祀る埼玉・氷川神社の本殿。鰹木は５本だ

ちなみに家庭や会社などに安置される神棚もれっきとした神社の一種とされる。神棚のご祭神は一般的に、天照大御神。日本神話の最高神であり、女性だ。彼女を祀っている神社は実に多い。

神社の屋根では、もうひとつ注目したいものがある。屋根のてっぺんに置かれた、鰹木《かつおぎ》（堅魚木《かつおぎ》）という枕のような木々だ。屋根の骨組みの頂に使われる棟木を押さえるように、いくつも並んでいる。棟木《むなぎ》や、屋根の茅葺きをしっかり固定させる建材だったようだ。

鰹木はその個数によって、ご祭神の性がわかるという。偶数が女性神、奇数が男性神なのだ。

出雲大社を見てみると、千木は垂直の外

削ぎ、鰹木は3本である。したがって男。ご祭神は男性神である大国主大神《おおくにぬしのおおかみ》だ。

千木・鰹木の原型は、古墳時代の建築に早くも見られる。当時の豪族の屋敷を模したと思われる家形埴輪が出土したのだが、これには千木・鰹木が認められるのだ。原初の日本人からずっと受け継がれているスタイルなのである。稲倉もそのなかから生まれ、やがて神社に継承されていった。

「千木・鰹木ルール」には例外もある。男女混合いくつもの神をひとつの神社で祀っているところもあるし、伊勢神宮は外宮と内宮で性が違う。八百万の神々はおおらかなのである。

57 神道派と仏教派の宗教戦争

縄文の太古から自然崇拝をベースに少しずつ確立していった神社、神道に、6世紀に伝来した仏教が大きな影響を与えたことはこれまでにたびたび紹介してきた。豪華な仏教寺院建築や芸術的な仏像が、当時の日本人の心を捉えたこと（↓P172）が、とりわけエポックメイキング的な出来事だったかもしれない。

この「仏教伝来」は、単に新しい信仰が大陸からもたらされたというだけにとどまらなかった。従来の日本固有の神々を信じるのか。それとも異国からやってきた他国《あだしくにの》神《かみ》・客神《まろうどがみ》たる仏を信じるのか……。**仏教をどう扱うのか、という論争は当時の政府を混乱させた**。ついには、崇仏派と排仏派が武力衝突するに至り、内戦の様相を呈していく。いまでいう宗教戦争といえるだろう。

崇仏派を代表するのは蘇我稲目《そがのいなめ》。一方、排仏派の急先鋒は物部尾輿《もののべのおこし》や中臣鎌子《なかとみのかまこ》だ。時のトップである欽明《きんめい》天皇は両者の主張の板ばさみとなり、悩んだのちに提案したアイデ

崇仏派の蘇我馬子（左）と排仏派の物部守屋（右）（『聖徳太子伝図会』1887 年）

アが「とりあえず蘇我稲目に仏像を祀らせてみて、ご利益があるかどうか見てみよう」というものだった。こうして稲目は、百済から運ばれてきた仏像を安置し向原寺《こうげんじ》を建立。これは日本初の寺といわれる。

しかし偶然か必然かあるいは陰謀か、日本に疫病が蔓延してしまう。したり、とばかりに排仏派は叫んだ。「異国の神など祀るから、日の本の神が怒っているのだ」と。かくして向原寺は焼かれてしまうわけだが、崇仏派の蘇我氏は後年になって子孫が仇を取る。

稲目の息子である蘇我馬子は仏法を世に広めんと挙兵。排仏派の物部軍と戦争に突入する。５８７年、丁未《ていび》の乱だ。戦

聖徳太子が建立した四天王寺（©663highland）

いは激しさを増し、蘇我軍劣勢となる中、崇仏派の要のひとり厩戸皇子《うまやどのおうじ》は、仏教の神の一柱である四天王の像を彫って戦勝を祈願した。

願いが通じたのか、蘇我軍はとうとう物部軍を滅ぼし、ここに仏教が日本に本格的に普及していくことになる。厩戸皇子は仏に感謝をし、現在の大阪市に四天王寺を建立。彼は後に、聖徳太子と呼ばれることになる。

しかし現在の日本を見てもわかる通り、神社や神道が否定されたわけではない。**仏教が認められ、受け入れられたということだ。そして両者は、共存と融合の時代に入っていく。**

ちなみに「神道」という言葉はこの時代

になって発生している。これも仏教との比較の中で出てきたものだ。

仏教が現れるまで日本に信仰はひとつしかなかった。神社に参り、八百万の神に感謝をし、農作物の収穫サイクルに合わせた祭りをして、日々の暮らしを律していく……日本人の生活すべての基盤である神との共存。そこにあえて名をつける必要はなかった。

だが仏教が入ってくると、新しい考えと既存の信仰とを区別する必要が出てきた。『日本書紀』の中には「(用明)天皇、仏法を信《う》けたまい、神道を尊びたまう」というくだりがある。これが歴史上はじめての「神道」という言葉だ。

いまも昔も、日本人は外圧によって価値観の変貌や改革を行なっていく民族なのかもしれない。

58 仏教も神道の中に飲み込んでいった日本人

「宗教戦争」の果てに仏教派が勝利を収めた。天皇も仏教に帰依し、日本は仏教国となった……というわけではないのが、複雑な宗教観を持つこの国ならではだ。

先史時代から信じてきた神々や、生活のすべてにしみこんだ習慣は、変わることなく日本人にとって大切なものであり続けた。昔通りに神社で神事を行ない、祭りをし、季節ごとのイベントを楽しんだ。日本人は仏教もこれらの暮らしの中に取り込んでいく。神仏習合という考えである。

平安時代に入って仏教の普及が進むと、神道との融合が進み、次第に「神道の八百万の神々も、仏教の教えに従って帰依すれば、苦しみから解脱できるのではないか」という思想が出てくる。日本神話のあまりに人間臭く感情豊かな神々を見れば、そんな考えが生まれてくるのも頷ける。こうして神社の中に、寺院やお堂が建てられるケースが増えていく。神宮寺と呼ばれる。いまも日本各地に無数の神宮寺が存在している。また平

七福神の一柱である大黒天。元はヒンドゥー教の神であり、仏教の神として日本に伝わった。大国主大神と読みが「ダイコク」で重なるため、古くから二柱は同一視され、大国主大神の「元の姿」ともいわれる

安時代には、八百万の神々を悟りの境地へと誘おうと、神社で仏教の読経が行なわれたりもした。

さらに「仏教が言う仏や菩薩は、大陸から来たのではない。八百万の神という仮の姿で日本にもともとからいらっしゃった」という説から、その逆に「八百万の神々のひとりとして仏や菩薩もいる」と、あくまで神道ベースの考えも主張された。そのうち両者の思想はごっちゃになっていき、神仏混在の日本独自の宗教観がつくられていく。ハロウィンもクリスマスも独自の解釈で飲み込んでいく日本人の根っこは、この時代から変わっていないのだろう。

第五章　伝説が残る神社の秘密

59

お伊勢参りは日本人の旅行の原点

「寺社ガール」なる女子は、いまや珍しいものではなくなった。神社やお寺を巡り、パワースポットを体感し、ご朱印を集め、その土地のグルメや温泉を楽しむ……そんな旅のスタイルは、**実は江戸時代から続いているものだ**。原型になったのは伊勢神宮への参拝旅行、いわゆる「お伊勢参り」だ。

伊勢神宮には、御師《おんし》と呼ばれるいわば広報のような人々がいた。彼らは日本全国を渡り歩き、神宮のご利益と歴史とを説いて回っていた。人々は「神社の中の神社」に興味を抱くようになっていたのだ。そんな中、徳川幕府によって戦国時代に終止符が打たれ、街道を藩ごとに閉ざしていた関所が撤廃される。いわば国境がいっせいに自由に往来できるようになったのだ。加えて幕府は、経済活動の促進のため、街道の道路インフラを整備する。時代が安定してくると庶民の生活にも余裕が出てきて「お伊勢参り」の一大ブームが到来するのだ。特に、20年ごとの式年遷宮（↓Ｐ１３４）の翌年「お陰年」に

伊勢神宮参詣のため、途上の川を渡ろうとする人々。左ののぼりには「おかげまいり」の文字も見える（「伊勢参宮・宮川の渡し」歌川広重・画）

参拝することが人気となり、数百万人もの人々が伊勢神宮に押し寄せた年もあったという。

お伊勢参りの隆盛から派生して、熊野三山の神社を巡る旅も流行した。そして伊勢や熊野のあとは、京や大坂を見物し、各地の名物に舌鼓を打った。各所で郷里の人々にたくさんのお土産を買って、帰っていったのだ。

日本人の旅の原点ともいわれるお伊勢参り。江戸の人々と同じように、一生に一度は訪ねてみたいものだ。

60 歴史上の人物も神になって神社に祀られる

大自然の一木一草すべてに神が宿ると日本人は考えてきた。そして日本神話に登場し、国を生んださまざまな登場人物もまた神々として敬われている。さらに歴代の天皇も神格化され、多くの神社で祀られている。日本はあらゆるところに、あまたの神を宿す国なのである。

で、**一般人から神にスケールアップすることもある**。菅原道真が代表的な例だ。

平安時代の貴族であり高名な学者でもあった道真は幼い頃から学問に秀で、朝廷においても才能を認められてどんどんと出世していく。宇多天皇のお気に入りでもあった。だが、出すぎた杭は打たれるのがいまも昔も日本の常。ましてや嫉妬と陰謀うずまく官僚社会である。周囲から疎まれ、妬まれていた道真が転落するのは、天皇の代替わりがきっかけだ。醍醐天皇の即位に伴い、バックを失った道真は、ありもしない謀反の罪をなすりつけられてしまうのだ。これにより大宰府に左遷させられた道真は、失意のまま

菅原道真の呪いとされる「清涼殿落雷事件」を描いた絵巻（「北野天神縁起絵巻」）

この世を去った。

が、その後、自らを失脚させた関係者が次々と変死を遂げ「道真の呪いだ」と世間を驚愕させたのはよく知られた伝説。加えて落雷やら洪水やら、災害も多発するに及んで**「道真の罪を赦し、霊を慰めるため」大宰府に天満宮が建立された**。その後は、火や雷の神が祀られていた京都の北野にも、やはり慰霊の意味を込めて北野天満宮が建てられている。

それから月日が流れ、祟りの記憶が薄れるとともに、道真の生前の学識が見直され、いつしか「学問の神」として崇められるようになっていった。いまでは天満宮（天神さま）は全国各地に勧請（↓P124）され、神社界の一大勢力となっている。

戦国時代に活躍した武将たちもまた、神になった。徳川幕府を切り開いた戦国の勝ち組・家康

京都・豊国神社（©663highland）

は、東照大権現という神となり、修学旅行の渡航先でも人気の日光東照宮に祀られている。東照宮の陽明門と鳥居を結んだラインをそのまま南に引っ張ると、江戸城に至るが、死後も神として江戸を見守るという思いの表れなのだとか。

豊臣秀吉は京都市東山区の豊国神社にて、豊国大明神として祀られている。下層民から天下人にまで成り上がった秀吉にあやかって、出世・開運の神として参拝者が絶えない。

山梨県の武田神社には武田信玄が、織田信長は京都市北区の建勲神社に、伊達政宗は宮城県仙台市の青葉神社に、それぞれ神となっていまも地域の人々に愛されている。

武将のほかにも、平安時代に活躍した稀代の陰陽師・安倍晴明は、京都市上京区に晴明神社として祀られている。晴明が念力によって湧き出させた井戸があるなど、パワースポットとしても知られる。近年では幕末の志士、西郷隆盛が鹿児島市の南洲神社に、大久保利通が福島県郡山市の大久保神社に祀られている。

これほどに人と神の世が近い日本の国であるのだが、現代の世の中に、神として昇華し、後の世の人々が手を合わせるような人物は果たしているだろうか。

61

「丑の刻参り」の本場といわれる神社

白装束に身を包んだ女が、藁人形を手にし、深夜、神社にやってくる。その頭には3本のロウソクをくくりつけ、髪は逆立ち、口には櫛をくわえている。

藁人形の中には憎い相手の髪の毛や爪、あるいは名前を書いた呪符がひそんでいる。相手の魂が宿っているのだ。これを五寸釘でもって、神社のご神木に打ちつける……。呪われた相手は、釘の刺さった部分から病に罹り、痛みに襲われ、死に至るという。丑の刻（深夜1〜3時）に決行されることから、丑の刻参りと呼ばれるトラディショナルな復讐法だが、京都でも有名な神社のひとつである**貴船神社**《きふねじんじゃ》が、古来、舞台として選ばれてきたという。

全国約450社の貴船神社・総本社でもあるここには、その昔に貴船大神が、丑の年・丑の月・丑の日・丑の刻に降臨されたという由緒がある。その故事から、貴船神社には丑の刻に訪れて参拝すると、願いが必ず叶うといわれてきた。これがいつの間にか、相

丑の刻参りの本場と伝わる京都・貴船神社奥宮（©Toomore Chiang）

手に確実に呪いをかける秘策として転じていったといわれる。

実際に貴船神社の奥宮周辺の鬱蒼たる山林の中には、明らかに釘を打ち込んだような穴がいくつも確認できる。いまでも密かに、丑の刻に藁人形を持って訪れる者もいるといわれているのだ。

しかしもともとは、願いを成就させるための丑の刻参りだ。貴船神社はとくに、人の縁に恵まれるといわれる。縁結びのご利益があるとされているのだ。人を憎むよりも、良縁を求めるほうがはるかに建設的というものだろう。

62 参拝すれば宝くじ的中？

家内安全から商売繁盛、縁結びやら子作りまで、ダイレクトな現世利益追求のお祈りを許してくれるのが、日本の神さまの懐の深いところ。

そして**「宝くじが当たる神社」までであるのだ**。ジャンボ宝くじの発売時期になると参拝者が殺到、必死に祈る姿が見られる。有名なところでは佐賀県の唐津市、玄界灘に浮かぶ高島にある、その名もズバリ宝当神社《ほうとうじんじゃ》。宝が当たるといわれれば、神頼みもしたくなるというものだ。参拝者が本当に年末ジャンボ1等を射止めたという伝説も残る。

1586年に創建された神社だが、1901年に名前を宝当神社と変え、以降は金運を授かるといわれてきた。

東京の多国籍タウン大久保のあやしげな繁華街、百人町の真ん中にも宝くじ神社がある。1533年に創建された皆中稲荷神社《かいちゅういなりじんじゃ》だ。徳川家康が江戸幕府を開いた際、当時

山手線「新大久保」駅から徒歩１分の場所に皆中稲荷神社はある

最強の兵力であった鉄砲百人組を同道させたが、彼らが駐屯したのがこのあたり。百人町の地名もこれに由来している。ふだんから神社に参拝していたところ、鉄砲の命中率が上がったと評判になったことから「よく当たる」ギャンブルにご利益があると解釈され、こちらも大人気に。

また鳥取県の日野郡には、これまたストレートに金持神社《かもちじんじゃ》が、京都の中京区にゴールデン鳥居で有名な御金神社《みかねじんじゃ》がある。愛知県の名古屋市にある山田天満宮内にある金神社《こがねじんじゃ》も、やはり宝くじがよく当たるとか。

63

神社に住みつく貧乏神がいる？

お参りして福をいただけるどころか不幸になりそうな神社も世の中にはある。なんと貧乏神を祀っているのだ。

それは東京ドームからもほど近い、北野神社の境内にある太田神社だ。この神社にはその昔、弁財天の姉である黒闇天女《くろやみてんにょ》という貧乏神を祀っていたという。

この貧乏神、江戸時代に神社のある小石川に住む貧しい旗本の夢の中に、ある日突然現れてお告げをしたという。「この家はなかなか居心地が良く、長年世話になっている。そこで、毎月1日と15日と25日。この日に赤飯と油揚げを供えてくれれば、いままでの礼に福を授けよう……」

言うとおりにしたところ、本当に福がやってきて旗本は豊かになったという。**まさしく災い転じて福となす、開運招福の神社としていまにいたるまで親しまれているのだとか。**

東京・太田神社。貧乏神である黒闇天女を祀るほか、芸能の神・天宇受賣命も共に祀られている

長野県飯田市にある、その名も貧乏神神社は、1998年建立と非常に新しいが、金運を授かるパワースポットとして有名だ。その参拝方法はユニーク。「自分自身の弱い心を叩く」ことが福を呼び込むとして、神社の中にあるご神木を棒で殴りつけ、蹴飛ばし、さらに豆を投げるというもの。バチ当たりのような気もするが、こうして一種、発散することによってポジティブな気持ちになれて、貧乏から逃れられたと語る参拝者も多いのだとか。

貧乏神に関する逸話はいろいろあるが、その結末は運に恵まれて貧困から抜け出せたというものが多い。福をもたらす神でもあるのだ。

64 昔話の登場人物が祀られる神社

桃から生まれた桃太郎が、犬やキジ、猿を従えて鬼が島に向かい、鬼たちを退治するというストーリーで知られる、日本で最も有名かもしれない昔話。**この「桃太郎」を巡っては、我こそ発祥の地であると主張する場所がいくつも存在する。**

まずは「桃太郎」に登場するきび団子が名産になっているあたり、信憑性も高そうな岡山県から。岡山市にある吉備津神社《きびつじんじゃ》と吉備津彦神社《きびつひこじんじゃ》に祀られている大吉備津彦命《おおきびつひこのみこと》こそが、桃太郎のモデルだという伝説があるのだ。

また奈良県の廬戸神社《いおとじんじゃ》のあたりは、桃太郎生誕の地として語られており、桃太郎ゆかりの神社になっている。

香川県も桃太郎物語の舞台に名乗りを上げている。高松市の田村神社には桃太郎一行の像がつくられている。同じく高松市には、なんと鬼無町という地名があり、桃太郎が鬼を成敗した証だとされる。なお高松市の沖合いの瀬戸内海には、これこそ鬼が島でな

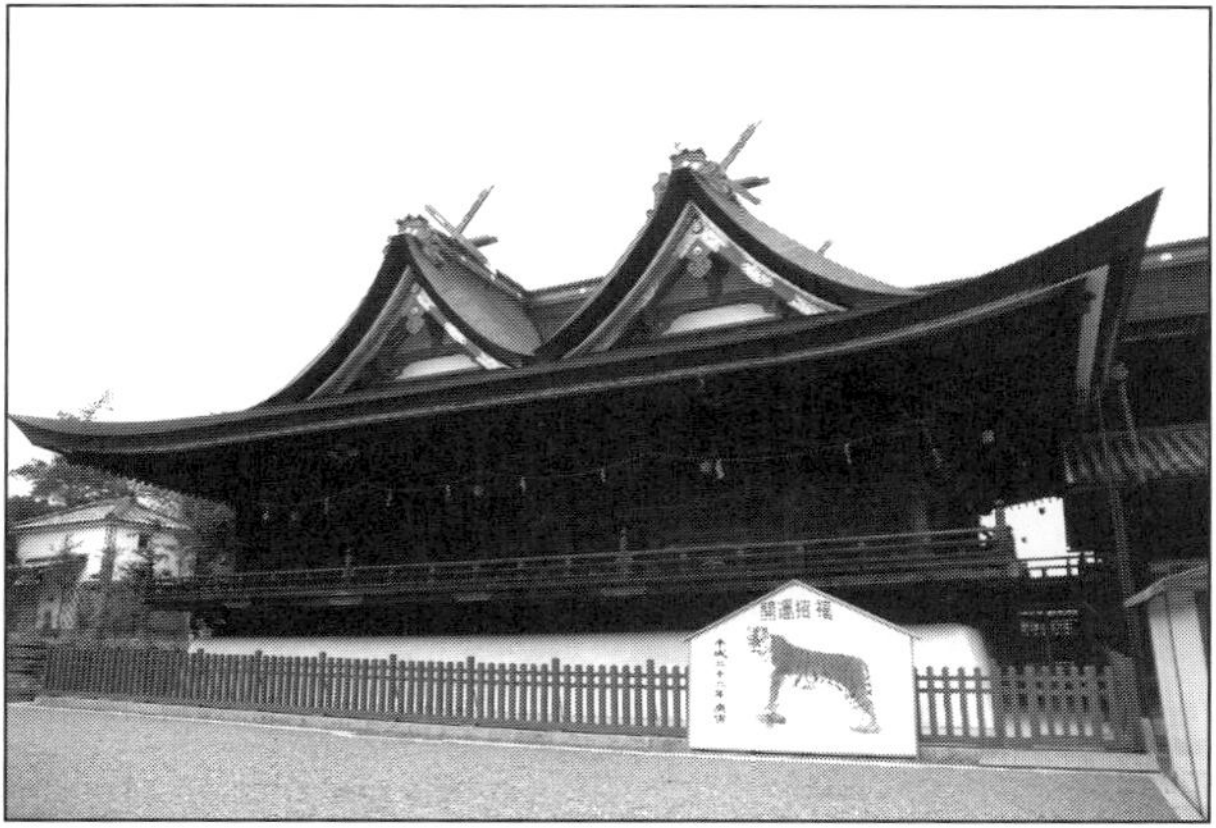

岡山・吉備津神社本殿（©pelican）

いかといわれる女木島《めぎじま》がある。島には巨大な洞窟があり、鬼が住んでいた場所だといわれている。

愛知県の犬山市にも桃太郎神社があるが、こちらは強烈。あちこちに桃太郎やお供の動物たちのシュールな像が建ち並び、桃をあしらった鳥居や丸い桃形の鳥居、退治されて後悔の涙を流す鬼の像、さらには川を流れてきた桃を拾ったお婆さんが洗濯をしていたという洗濯岩までもが公開されている。

敷地内には宝物館もあり、鬼が愛用していたという金棒から、鬼のガイコツなる角の生えた頭骨写真も展示され、いったいどこまで本気なのかと思わされるが、各所に点在するオブジェの味わいや、あやしげな

神奈川・箱根の金時神社（公時神社）と背後にそびえる金時山（©ume-y）

雰囲気から、観光客や子供たちには大人気になっている。毎年5月5日の子供の日には、子供の健康を願う桃太郎まつりが行なわれている。

桃太郎と同様に親しまれている**金太郎も また、各地にゆかりの神社が残る**。金太郎は平安時代の10世紀に活躍した武将、源《みなもと》頼光《のよりみつ》の部下だった坂田金時《さかたのきんとき》だという説がよく語られている。金時が子供の頃に披露した力自慢のエピソードが、物語のルーツだという。

静岡県小山町《おやまちょう》は金太郎生誕の地として町おこしをしている。金太郎の生家跡とされる場所には金時神社が建つ。こちらもやはり子供が躍動する話だけに、子供の健康を祈る人々が多く訪れる。とくに七五三の時期は賑わう。

金時神社は神奈川県の箱根にもある。大きなまさかりが安置されている。箱根にある金時山という地が金太郎伝説の舞台だと、こちらは主張している。

もうひとつ有名な昔話が**浦島太郎**だ。やはり日本各地に伝承は点在しているが、よく知られている場所が京都府与謝郡にある浦嶋神社（宇良神社）だ。ご祭神はなんと浦島太郎その人。数ある浦島伝説中で最も起源が古いといわれる。宝物資料室には玉手箱などのお宝も安置されている。なお香川県三豊市の丸山島にも浦島神社があり、浦島伝説が伝えられている。

65 アニメの舞台として注目される神社

２０１６年に記録的なヒットとなったアニメーション映画「君の名は。」には、神社の描写が各所に盛り込まれている。

物語のクライマックスで主人公の男女が出会う階段は、東京・四谷の須賀神社《すがじんじゃ》のものだ。こちらは須佐之男命をご祭神とするもので、八幡神社や稲荷神社などと同じく、日本全国にある。

特に山陰地方や四国に多く、総本社は島根県雲南市にある須賀神社だ。須佐之男命がヤマタノオロチを退治した後、妻である櫛名田比売とこのあたりを訪れ「ここはなんとすがすがしい場所か」と語ったことに、地名、神社名のルーツがあるのだとか。なおキービジュアルにもなっている東京の須賀神社は、もともと稲荷神社だったが江戸時代に移転、その後に須佐之男命を合祀したものだ。

また主人公のうち女の子の実家は神社であり、本人も巫女を務めている。登場するの

岐阜・日枝神社。創建から850年の歴史を持つ

は宮水神社という架空の神社だが、そのモデルといわれているのが岐阜県高山市の日枝神社《ひえじんじゃ》。飛騨山王宮ともいわれ、1141年創建と古い歴史を持つ。こちらも全国に数ある日枝神社のひとつで、総本社は滋賀県大津市の日吉大社だ。同じく岐阜県の飛騨市、気多若宮神社《けたわかみやじんじゃ》も印象的なシーンの背景を彩る。

映画の人気が高まるにつれ、これらの神社を訪れる「聖地巡礼」の人々も急増している。これを見た地元自治体も、映画とのコラボ企画を次々と打ち出し、観光客を呼び込む。大きな経済効果が期待できるのだ。

アニメを機軸として、街おこしをしていく。そんな流れが定着して久しい。実在の街を舞台に設定し、実際の街並みや、その土地の名物・名産、方言、祭りや習慣などを背景として、あるいはストーリーのキーとして入れ込んでいくのだ。その舞台装置として、神社は人気であり定番だ。

アニメの評判が上がると「あのアニメのモデルは、実際どんなところなんだろう、どんな神社なんだろう」とファンがたくさん訪れる。彼らは食事をすればお土産も買うし、時には宿泊もする。聖地巡礼の観光客が落とすお金は、過疎や高齢化に苦しむ地方都市にとっては大きい。

しかし、作品であまりに露骨に街の宣伝ばかりをしてそっぽを向かれたり、街おこしの前に肝心のアニメのデキがさっぱりで認知度が上がらなかったりと失敗するケースも多々あるのだが、それでも当たると大きいようで、アニメとタッグを組む自治体は増えている。

とりわけ大成功したのは、神社で見てみれば「らき☆すた」の舞台になった埼玉県久喜市の鷲宮神社《わしのみやじんじゃ》だろう。アニメの放映は２００７年に終わったが、以降も聖地巡礼客は増え続け、初詣や地域の祭りの参加者が爆発的に増加。20億円を超える経済効果をもたらし、いまなお継続中だ。「ガールズ&パンツァー」の茨城県大洗町もアニメ景気に沸くが、町内の大洗磯前神社も巡礼スポット。また東京千代田区の神田明神は「ラブライブ！」とコラボしたさまざまなイベント、商品開発を行なっている。

軽んじられがちだが、アニメもまた鳥獣戯画から続く日本の伝統芸。神社とは相性がいいのかもしれない。

66

伏見稲荷に祀られる麻雀の神様

いまや外国人観光客であふれかえる古都、京都。数ある寺社の中でも大人気になっているのが、伏見稲荷大社だ。世界最大の旅行口コミサイト「トリップアドバイザー」の調査によると、「外国人に人気の日本の観光スポット」で、２０１４年、２０１５年と２年連続のトップに輝いている。まるでトンネルのようにえんえんと並ぶ幻想的な鳥居の列、周囲の深い山林の幽玄さが外国人にはウケている。国内では全国稲荷神社の総本社でもある。

そんな格式と歴史、人気で知られる伏見稲荷大社だが、意外な一面がある。広大な敷地内の一角に、１９８９年に亡くなった阿佐田哲也《あさだてつや》氏を祀る塚があるのだ。阿佐田氏は本名を色川武大《いろかわたけひろ》といい、戦後の混乱期にギャンブラーとして暗躍した人物だ。**とりわけ麻雀においては「雀聖」と呼ばれるほどの腕前だったといわれる**。自ら著した小説「麻雀放浪記」は映画化もされるほどの大ヒットとなり、麻雀をアウトローの危険な遊戯か

伏見稲荷の阿佐田哲也大神を祀る末廣神社。鳥居の間に見える幟には「阿佐田哲也大神」と書かれている（©Sun Taro）

ら大衆文化へと昇華させるきっかけをつくったといわれる。

その死後、新日本麻雀連盟は阿佐田氏の業績を称え、**阿佐田哲也大神を祀る塚を建立した**。命日に近い毎年4月の日曜に例祭が執り行なわれている。そのときは奉納麻雀大会も合わせて開催される慣わしだ。

「麻雀の神」に敬意を表し、ツキが上がるように、引きが良くなるようにと参拝する雀士がいまでも後を絶たない。阿佐田氏はどうやら、八百万の一柱となったようだ。

67

日本にスイーツを広めた神がいる

伝承によれば紀元前20年代のこと。垂仁《すいにん》天皇は、田道間守《たじまもり》に命じた。「常世《とこよ》の国には、非時香菓《ときじくのかく》なる霊薬があると聞く。その方、これを探してまいれ」

非時香菓とは、常に実がなり、芳しい香りを漂わせているという伝説の木。その実には不老不死の霊力があるといわれる。この植物を求め、田道間守は常世の国へと旅立ったのだった。ちなみに常世の国とは、現代の中国南部からインドにあたるといわれる一方、異世界でもあり、浦島太郎が迷い込んだ世界でもあるとされる。

田道間守が帰還したのは10年後。**その手にはたわわに実をつけた橘の枝が握られていたという**。しかし垂仁天皇はすでに崩御した後。悲嘆にくれた田道間守は、自ら命を絶った。

この橘は、ミカンの原種でもある。田道間守が命がけの旅で持ち帰った橘を品種改良し、やがて全国に広まり、日本にミカンが根づいたとされるのだ。

昔から果物のことを「水菓子」と表現するように、日本ではフルーツ＝スイーツとみなされてきた。その源流は、田道間守の橘にあるのだ。そんな田道間守を祀っているのが、兵庫県豊岡市にある中嶋神社。毎年4月には橘花祭《きっかさい》という祭りが開かれ、日本中から製菓業者が訪れ、業界の繁栄を祈る慣わしだ。これは菓子祭りとも呼ばれる。

いまでは中嶋神社は、福岡の太宰府天満宮や、京都の吉田神社など各地に分社され、スイーツの神さまとして親しまれている。

日本に果物をもたらした田道間守

68 芸能人が集まってくる神社

浮き沈みの激しい芸事の世界に生きる人々はとりわけ、神頼みをしたくなるものなのかもしれない。京都・右京区にある車折神社《くるまざきじんじゃ》の境内には、芸能人が奉納した真っ赤な玉垣が所狭しと並び、壮観だ。それぞれの玉垣には奉納者であるタレントや俳優、アイドル、歌手などなど超有名な大御所からややマイナーな方々まで、そうそうたる名前が書き込まれ、一般参拝者はア然とするのである。

こちらは平安時代に活躍した学者、清原頼業《きよはらのよりなり》を祀る由緒ある神社。だから学業成就や試験突破のご利益があるとされる。しかし**1957年、芸能の神として知られる天宇受賣命《あめのうずめのみこと》（↓P80）を分祀し、境内社として芸能神社を新たに創建する。**というのも、この場所が京都の映画の撮影所に近かったためだ。

以来、車折神社（内の芸能神社）には数多くの芸能人が訪れ、出世を祈り玉垣を奉納するようになった。いまでは2000枚以上の玉垣があるという。

車折神社内の芸能神社鳥居。ここに写る玉垣だけでも、
かの有名な芸能人の名前が見られる（©Atelier Verde）

東京・新宿区にも芸能神社がある。歓楽街・歌舞伎町のど真ん中に建つ花園神《はなぞのじん》社《じゃ》だ。やはり境内に摂社として芸能浅間神社があり、木花之佐久夜毘売《このはなのさくやびめ》が祀られている。江戸時代に新宿が宿場町として栄えはじめた時代、花園神社はその境内に劇場をつくって芝居を打つなど、芸能と深く関わるようになったことから歌手や役者などの参拝が多い。宇多田ヒカルの母、藤圭子の歌碑も立っているほか、八代亜紀も石碑を奉納している。近所には吉本興業の東京本社もあり、芸能人に親しまれている神社だ。

69
男性器も神社で神様に！

近年、神奈川県川崎市の金山神社《かなやまじんじゃ》で行なわれる、かなまら祭りが話題になることが多い。巨大な男性器の模型を載せた神輿を担いだり、やはり男根タイプだが女装した男たちで担ぐ、その名も「エリザベス神輿」などが登場し、大いに盛り上がる。単に「ちんちん祭り」的な、笑える奇祭として扱われてしまっているフシもあるが、**こうした「男根信仰」というものは実は非常に歴史があり、また世界的な広がりもある**。

日本では金山神社のほか、岩手県盛岡市の巻堀神社《まきぼりじんじゃ》も、性の神である金精神《こんせいしん》を祀っている。境内には男性器と女性器をかたどった石のオブジェも。また栃木県日光市と群馬県利根郡の境界にある金精神社《こんせいじんじゃ》は、石でできた男性器をご神体としている。その由来は奈良時代に巨根で知られたという僧侶・道鏡《どうきょう》が、天皇に捧げようと自ら男性器を切断したことにあるという。

こうした金精神信仰の神社は各地にあるのだ。そのご利益はもちろん、安産や子孫繁

神奈川・金山神社の祭りに現れる「かなまら舟神輿」（©Happy Come）

栄、縁結びなど。男性器はエネルギーの象徴だ。自分たちの遺伝子を後世に紡いでいくことを、ごく自然に生きる目標にしていた古来の人々は、男性器を神格化して崇め、一族がより広がるようにと祈った。神社だけでなく、道端の道祖神など民間信仰の中でも男性器信仰は登場する。

これは人類発祥の頃から存在する考えだ。日本では先史時代の遺跡から男性器をかたどった土偶が発掘されている。古代インドではリンガというシヴァ神の男性器をモチーフとした像が数多くつくられ、現代でも大切にされている。東南アジアにも多い。これらはいずれも、生命賛歌の象徴なのだ。

70
浮気を防げる神社がある!?

日本全国におよそ1000社あるといわれる淡島神社《あわしまじんじゃ》。淡嶋、粟島という神社もあるが、その総本社は和歌山県和歌山市にある淡嶋神社だ。祀られているのはおもに日本創造の神の一柱、**少彦名命《すくなひこなのみこと》**だが、ほかにも淡島さま、淡島明神などと呼ばれる神さまも信仰されている。

この淡島さま、結婚していたものの婦人病となってしまい、夫婦生活が営めないという理由で流刑となり、紀伊の国に着いたのだという。それから、自分と同じく婦人病に苦しむ女性たちの悩みを受け止めるようになったのだとか。このことから、病気だけでなく、安産や子宝に恵まれる、女性のための神社としても親しまれていく。良縁に恵まれるだけでなく、**なんと男の浮気を防ぐご利益もあるのだとか**。カップルで訪れ、神妙な顔をして気まずそうに参拝する男たちの姿も目にする、まさに女性の守護神である。

またここは、雛流しの行事でも有名だ。雛人形とは本来、娘に降りかかる災厄の身

和歌山・淡島神社。拝殿の左右に人形の姿が見える（©Bakkai）

代わりとなり、3月3日に川や海に流されていく存在。いまでは華やかな雛人形を飾る風習に変わってきているが、淡嶋神社では昔ながらの雛流しを行ない、女性の厄を祓っている。このため人形供養の神社としても知られており、2万体もの人形が佇む様子はなかなかに恐ろしい。その中には髪が伸びる人形もいるのだとか……。

髪といえばこちらでは参拝の際、女性は自らの髪や櫛などを願かけとして奉納することもある。また婦人病に悩む女性は下着を奉納するとかで、さまざまな品が埋蔵されている神社でもあるのだ。

71 料理人が参拝する神社

藤原山蔭《ふじわらのやまかげ》は平安の昔の9世紀、カリスマ料理人と謳われた男である。宮中に勤め、天皇の側近でもある高級官僚ながら、包丁道の達人でもあった。宮廷の料理を取り仕切っていた彼は、四条流庖丁道《しじょうりゅうほうちょうどう》という流派までをも確立。当時最先端の調理方法を世に広めたという。

そんな山蔭が祀られているのは、京都市左京区にある吉田神社内の摂社、山蔭神社《やまかげじんじゃ》だ。いまでも多くの料理人が腕前の向上を祈願するために訪れている。

また5月の例祭では、**現代にまで伝わる四条流庖丁道の技術が披露される**。包丁と菜箸だけで、まったく手を触れることなく魚をさばくというものだ。おおぜいの飲食業関係者が見守る中、古式ゆかしい烏帽子と装束姿で魚に挑み、その技前は神に奉納される。

この「庖丁式」が行なわれる神社が、もうひとつある。千葉県南房総市にある高家神社《たかべじんじゃ》だ。祀っているのは磐鹿六雁命《いわかむつかりのみこと》。4世紀前半頃、景行天皇が現在の千葉県あたりを

千葉・高家神社で執り行なわれる「庖丁式」（画像提供：毎日新聞社）

視察に訪れた際、カツオとハマグリを調理して献上、その味が絶賛されたという人物だ。

　この故事から「料理の神社」としても崇敬され、料理人の聖地となっている。境内には包丁を供養する包丁塚まである。

　さらに高家神社は、日本料理には欠かせない調味料である味噌や醤油などの醸造の神としても信仰されている。高家神社から勧請された祭神の分霊は、かのヒゲタ醤油の銚子工場内にある高《たか》倍《べ》神社《じんじゃ》に祀られている。毎月5日に、会社首脳が良質な醤油の生産と、工場の安全を祈願して参拝するそうだ。

72

海底神社に空中神社！

千葉県の館山市には、世にも珍しい「海底神社」がある。房総半島の南端にほど近い位置に波左間《はざま》海中公園が広がっているが、**そのエリア内の海底に神社が沈んでいるのだ。**

水深はおよそ18メートルで、館山市の沖合い600メートルの場所にあるため、訪れるには潜水していくしかない。スキューバダイビングのライセンスが必要なのである。周囲はマンボウも回遊し、透明度の高い海が広がる見事なダイビングスポット。多くのダイバーが波左間の海に潜り、海底神社に参拝をしている。

この神社は、やはり館山市にある洲崎神社《すさきじんじゃ》の分社だ。海の安全祈願、海難事故防止のために、1996年に建立されたもの。高さ3・5メートルの鳥居をくぐった先には、小ぶりな社殿が安置されている。毎月1日と15日にはしっかりと例祭も行なわれ、御神酒や榊なども供えられるし、毎年7月20日の海の日には大祭となる。新年には初詣客もやってくるほどだ。

タワー大神宮（©TaroTokyo）

一方、上空１５０メートルの場所に建立された「空中神社」もある。**東京タワーの大展望台2階に位置する、タワー大神宮だ**。１９７７年に、タワー開業20年を記念して創建されたもの。いまでは恋愛成就のパワースポットとしても知られるほか、「少しでも上を目指したい」「成績を上げたい」という受験生たちが訪れる場所にもなっている。

ちなみに日本で最も高い場所にある神社は、富士山頂にそびえる富士山本宮浅間大社だ（↓Ｐ１４８）。

おわりに

日本には確たる宗教がないといわれる。クリスマスを祝い、仏壇に手を合わせ、ハロウィンに狂喜し、葬儀ではお経を聞く。そのごちゃ混ぜ感は、日本人の信仰心の薄さから来るものだと、そんな言い方をされることもある。

しかし、本書の執筆に当たって、無数の神社を巡り、そこで真摯に祈る人々の姿を見たとき、これこそが日本人の宗教なのだと本当に実感させられた。

遠い古代から、日本人の祈りは自然と密接に結びついてきた。日本の持つ豊かな四季はまた、季節ごとの厳しい自然環境の裏返しでもある。厳冬、酷暑、旱魃、洪水……だから日本人は、人智の及ばない大自然の、あまねく世界に生きる一木一草に至るまで、神が宿ると考え、祈りを捧げた。決して克服できない存在に対しての畏怖が、日本人の宗教観の原点にあるのだ。

そして我々の祖先は、山を原初の神社とした。あるいは巨石に縄をかけて祈りの場とした。巨木に神を見た。

やがて我々の定住と文明化を後押ししてくれたのは、稲作だった。コメの収穫が弥生時代をもたらし、そのささやかなゆとりの中で、日本人は八百万の神と、神話の世界、そして神社の有りようを明確にしていく。中心にあったのは、稲倉をモチーフにした聖なる社殿であり、自ら稲作に従事していたという始祖の神たちである。

そして我々は神からコメを受け取り、いまに至るまで、神社を舞台としたさまざまな文化の基礎としている。豊穣を祈る春の祭り、収穫に感謝する秋の祭り……日常の参拝に欠かせないお賽銭は、もともと稲だったともいわれる。神社での行事はそのベースに、稲作のサイクルがあるのだ。それは我々のＤＮＡに刻まれている。

そんな神社の歴史を、本書はなぞってきた。そして、祈りの姿は時代に応じて変わっていく。四季の変化に対応していくため、日本人には常に、臨機応変さが求められてきたからだ。それゆえ節操なくさまざまな宗教を取り込んできたが、根っこにあるのは自然そのものへの敬意、神社で手を合わせることであろうと思うのだ。季節の移り変わりをこれほど敏感に察知し、愛で、祈り願う人たちがほかにいるだろうか。

本書をつくりながら感じたのは、日本人が連綿とつないできた宗教観であり、暮らしを律し生活を形づくるもの。そして八百万の神々の、奇妙な人間臭さとユーモアである。遠い神話の世界を、少しでも近しく感じてくれたら幸いだ。

【参考文献一覧】

『神社のしくみと慣習・作法』三橋健／日本実業出版社
『頼れる神様大事典』戸部民夫／ＰＨＰ研究所
『文化人類学で読む日本の民俗社会』伊藤亜人／有斐閣選書
『地図でめぐる神社とお寺』武光誠／帝国書院
『よくわかる！　神社神宮』中尾伊早子　正木晃／ＰＨＰ研究所
『日本の神様と神社がわかる本』歴史民俗研究会／大和書房
『今こそ本気の神社まいり』西邑清志／主婦の友社
『総図解　よくわかる日本の神社』渋谷申博／中経出版
『巫女さん作法入門』神田明神／朝日新聞出版
『神社のことがよくわかる本』外山晴彦／東京書籍
『神社とは何か？　お寺とは何か？』武光誠　ペン編集部／阪急コミュニケーションズ
『日本全国獅子・狛犬ものがたり』上杉千郷／戎光祥出版
『神社のおしえ』神田明神／小学館

『図解　ふしぎで意外な神道』岡田明憲　古川順弘　吉田邦博／学研
『「神社と神さま」がよくわかる本』島崎晋／ＰＨＰ研究所
『神道入門』戸矢学／河出書房新社
『図解　巫女』朱鷺田祐介／新紀元社
『日本の神々がわかる　神社事典』外山晴彦／成美堂出版
『神社とお寺の基本がわかる本』武光誠　グレイル／宝島社
『週刊ダイヤモンド２０１６年4月16日号』
『神輿大全』宮本卯之助／誠文堂新光社
『プレステップ　神道学』阪本是丸　石井研士編／弘文堂
『別冊宝島２１６３神社と日本人』島田裕巳監修／宝島社

神社本庁ホームページ　http://www.jinjahoncho.or.jp/
三重県庁ホームページ「三重の文化」　http://www.bunka.pref.mie.lg.jp/

〈著者プロフィール〉
火田博文（ひだ・ひろふみ）
元週刊誌記者。日本の風習・奇習・オカルトから、アジア諸国の怪談・風俗・妖怪など、あやしいものにはなんでも飛びつくライター＆編集者。東京を歩きながら寺社を巡り酒場をハシゴする日々を送る。
著書に『本当は怖い　日本のしきたり』（彩図社刊）がある。

日本人が知らない　神社の秘密

平成29年5月9日第一刷

著者　火田博文

発行人　山田有司

発行所　株式会社彩図社《さいずしゃ》

〒170-0005　東京都豊島区南大塚3-24-4 MTビル
TEL:03-5985-8213
FAX:03-5985-8224

印刷所　新灯印刷株式会社

URL：http://www.saiz.co.jp
https://twitter.com/saiz_sha

　ISBN978-4-8013-0219-8 C0139